JN064422

演劇で〈世界〉を変える

鈴木忠志論　菅孝行

航思社

演劇で〈世界〉を変える
——鈴木忠志論

目次

第Ⅰ章 2019年・利賀 —— 7
1 演出家鈴木忠志をどう評価するか
2 第九回シアター・オリンピックス
3 SCOT 参加作品と劇団

第Ⅱ章 その初心と第一の飛躍（1960-1968）—— 39
1 戦後への隔靴掻痒——新劇への違和
2 学生演劇から六〇年代演劇へ
3 早稲田小劇場の誕生——鈴木忠志・別役実・小野碩

第Ⅲ章 〈からだのことば〉が生きる場所へ（1969-1973）—— 71
1 『劇的なるものをめぐってⅡ』と鈴木忠志
2 女優白石加代子の誕生——小野碩との別れ
3 「演技論」の圏域をこえて

第Ⅳ章 根拠地を創る——60年代からの離陸（1974-1983）—— 103
1 異種格闘技の達成したもの —— 2 利賀への〈長征〉
3 新たな展開へ

第Ⅴ章 60年代演劇を遠く離れて（1984-1996） 137
1 芸術総監督への助走 — 2 世界批評の演劇
3 SPACへ — 活動のウィングの拡大

第Ⅵ章 SPAC芸術総監督の時代（1997-2007） 171
1 SPACでの歌謡劇 — 2 「日本人」との対峙
3 西欧古典との対決

第Ⅶ章 再び利賀へ（2007-2014） 203
1 SPAC 最後の仕上げ
2 利賀への回帰 — 世界各地からの招聘 — 3 〈縮む日本〉との対峙

第Ⅷ章 「ニッポンジン」と向き合う（2014-） 239
1 デタラメの効用 — 2 歌謡劇の変容
3 なぜ鈴木忠志を論じるのか

あとがき 283 鈴木忠志／SCOT関連年表 288

演劇で《世界》を変える

——鈴木忠志論

第I章
2019年・利賀

1　演出家鈴木忠志をどう評価するか

扉写真：
『ディオニュソス』
田冲（前列中央）
前沢ガーデン野外ステージ
2019年

演出家の〈器〉

個別の舞台の鮮烈な印象は様々な要因で喚起される。たとえば、占領下のパリにおけるジャン・アヌイ作『アンティゴーヌ』[*1]、騒乱の渦中の新宿・花園神社での状況劇場の紅テント興行[*2]、スーザン・ソンタグが瓦礫の街と化したサラエボで上演した『ゴドーを待ちながら』[*3]など、ほかならぬその時その場で演じられることこそが価値である上演が存在する。万一戯曲が優れていなくても、演技が凡庸でも、演出に瑕疵があっても、舞台から観客が受けとめる唯一無二の衝撃というものは存在する。プロを超えるアマチュア演劇は、この種の輝かしい偶然の産物である。

しかし、もし演劇史がそういうできごとの連鎖だけに帰せられるとしたら、あの現場に起きたことと、この現場に起きたこととの共軛性を探ることも、相互に参照し合う公準を措定することも困難になる。一つ一つのできごとは、コードと価値を共有した仲間内だけの基準でしか測れない。あの仲間内とこの仲間内の、圏域相互の照合は不可能だ。

それでもよいという立場もあるだろう。だがそれでは演劇の価値評価の指標が立たない。それが立たなければ演劇史も成立しない。しかし、演出家の仕事に、個別の舞台の成否の次元を超えた評価の基軸を立てることができれば、異なるコードで成立する演劇表現相互の参照もま

＊1　ジャン・アヌイはフランスの劇作家。「アンティゴーヌ」はソフォクレスのギリシャ悲劇『アンティゴネー』の翻案で、主人公のアンティゴーヌが、叔父でありテーバイの王であるクレオンの定めた掟を拒絶して命尽きるまで抵抗し抜く姿を描いた作品。一九四四年、占領下のパリでの上演を観客は対独協力への拒否の意志表示と受けとめた。アルベレス『現代作家の反逆』（中村真一郎訳、ダヴィッド社、一九五四年）も、アヌイを対独レジスタンスと結びつける認識の背中を押した。アヌイ自身は必ずしも強固な反ナチの思想的立場に立つ劇作家というわけではない。

＊2　演出家の唐十郎率いる状況劇場は、一九六七年八月、東京・新宿の花園神社境内で『越巻お仙義理人情いろはにほへと篇』を上演し話題となった。その後、『アリババ』『傀儡版壺坂霊験記』『由比小雪』を上演し新劇に飽き足らないでいた若い観客層の人気を博したが、公序良俗に反するという地元商店街の意向を受けた神社総代会により、状況劇場は花園神社を追われた。

＊3　スーザン・ソンタグは、旧ユーゴスラビアの崩壊を機に始まったボスニア・ヘルツェゴビナ紛争でセルビア人武装勢力の銃撃で荒廃したサラエボで、一九九三年八月、サミュエル・ベケットの『ゴドーを待ちながら』を上演した。その時の経験を論じたのが『サラエボで、ゴドーを待ちながら』（みすず書房、二〇一二年）である。

た可能となるはずである。

誤解を恐れずに言うと、必要なのは、演出家の〈器〉を測る尺度を設定することである。文学の批評理論に照らせば笑止と考える読者もあるだろう。だが、個人が書き、個人に読まれる文学と、集団による身体造形は事情が異なる。舞台表象は関係の所産である。俳優の表現は独立には存立できず、演出家という組織者が介在してはじめて成立する。反照的に、演出家の表現は俳優の身体の所作と台詞に内属する。

三つの指標——読解、身体、劇場

組織者である演出家の〈器〉を測る基準の第一は「他人」のテクストの解釈と造形がどれほど抜きんでているかである。第二は、演出家がどのような俳優造形の方法を持ち、それを実現する集団と俳優訓練の場を保証し、俳優を育成したかである。第三は、自身の身体造形の方法に呼応する劇場空間をわがものとしえたかどうかである。これらが演出家の〈器〉を決める。

近現代の演劇史を振り返ると、文芸協会の坪内逍遥は劇場を作っていない。自由劇場の小山内薫は俳優訓練の場も劇場ももてなかった。左団次の影響のもとで小山内が言った「無形劇場」[*4]は、一面で自身の理念に適合した劇場を作れない演出家の、やむを得ざる〈負け惜しみ〉であった。築地小劇場の建設を可能にしたのは、土方与志の決意と伯爵家の私財だった。築地小劇場は土方が作ったというべきである。だが彼にも固有の訓練法はなかった。芸術座の島村抱月は演劇研究所を作り芸術倶楽部を作った。松本克平が指摘したように、小山内薫より島村抱月のほうが演出家の〈器〉は大きかったのである。[*5] しかし、芸術倶楽部を作った五年後、抱月は演劇運動に専心する前に「スペイン風邪」で逝った。

小山内薫の次世代の代表的演出家の一人だった村山知義も、「六〇年代演劇」の蜷川幸雄も寺山修司も唐十郎も佐藤信も太田省吾も、「それ以後」に属するつかこうへいも野田秀樹も、この三条件のすべてを満たしてはいない。満たしているのは、千田是也、[*6] 浅利慶太、[*7] 鈴木忠志しかいないのである。

だから、私は拙著『戦う演劇人』（而立書房、二〇〇七年）でこの三人を論じた。千田是也は新劇の俳優養成を目的として『近代俳優術』（早川書房、一九五〇年）というメソッドを作り上

＊4　小山内薫が主宰した自由劇場の上演を支えた「無形劇場」とは、劇団が常打ち小屋を持たず、会員制によって非営利の演劇活動の興行形態で、同志だった二代目市川左団次がヨーロッパ視察で得た見聞に基づくものだった。そういう意味では単なる「やせ我慢」と否定的にとらえるだけでは一面的である。戦後の労演（現在の演劇鑑賞会）や劇団ごとの会員制などの「嚆矢」でもあるし、「SCOT倶楽部」（入場料を取らず、観客は支払いの意思と能力に応じて会費を支払う）は劇場を持った劇団の会員制度のひとつである。洋行した左団次が西欧での観客組織に影響を受けて「無形劇場」を提唱した経緯については『小山内薫演劇論全集　第Ⅰ巻』（未來社、一九六四年）の菅井幸雄の解説、四八九頁参照。

＊5　松本克平『日本新劇史――新劇貧乏物語』筑摩書房、一九六六年、一八一頁以下参照。

げ、劇団俳優座の中に研究所を作ってその中に養成所を位置づけた。そして、俳優座劇場を作った。浅利慶太は、反新劇の旗幟を鮮明にして劇団四季を結成し、独自の朗誦術(母音法)を確立し、俳優養成機関を作って多くの俳優を育成し、日本各地に四季劇場を建てて上演活動を持続させた。鈴木忠志は、浅利とは全く異なる立場で新劇批判を鮮明にして早稲田小劇場を結成し、スズキ・トレーニング・メソッドを完成させた。それはアメリカや中国での俳優訓練にも採用された。この数年来、世界各国の俳優が訓練を受けに利賀を訪れている。鈴木はまた水戸と静岡と利賀に多くの劇場を作った。

日本語圏演劇の世界水準

「反新劇」の菅がなぜ新劇の大御所の千田是也を高く評価するのか、「左派」の菅がなぜ佐藤栄作や五島昇と親交を結んだ浅利慶太を高く評価するのか、六〇年代演劇の担い手たちの中からなぜ鈴木だけを評価するのか、と陰に陽に言われたものだ。ある側面から見ると、そんなことはどうでもよいのである。私の関心は演出家の〈器〉にあった。

その限りでは、千田是也、浅利慶太の業績もまた検証され、顕彰されなくてはならない。しかし、筆者のいまここでの関心は、日本発の「世界水準」の演劇の誕生である。誤解を封じるために言っておくと、筆者は「世界水準」の演劇だけを演劇と言いたいのではない。[*8] しかし「世界水準」という指標を相対化するためにも、「世界水準」とは何かを明らかにしなくてはならない。鈴木忠志を論じる理由はそこにある。

近現代の日本演劇の「世界水準」の指標は何か。第一に、演出家の作品が持続的にどれだけの地域から招聘された実績があるか。第二は、演出家の訓練のメソッドが世界化しているか。第三に、演出家の作品が他国のレパートリー・シアターで定期公演の演目になったか。第四は、演劇人の業績評価に関する国際的に認知された機関から顕彰の対象となったか、である。

近現代演劇の規範はヨーロッパで作られた。ヨーロッパの辺境である日本の演劇が世界に通じるということは（オリエンタリズムではない）正味のヨーロッパ基準――この場合、アメリカの位置は微妙だ。発祥においてアメリカは僻地だった。しかし、二〇世紀後半のどこかの時点で世界基準という意味でのヨーロッパ基準の中心に位置を占めるようになった――でリスペク

＊6　千田是也の足跡については『もうひとつの新劇史――千田是也自伝』（筑摩書房、一九七五年）および『千田是也演劇論集』全九巻（未來社、一九八〇 - 九二年）参照。養成所、研究所、劇場を作る過程に関しては『千田是也演劇論集』の一 - 三巻の千田自身による「解説的回想」に詳しい。前出の拙著『戦う演劇人』でも言及している。

＊7　『浅利慶太の四季』全四巻（慶応大学出版会、一九九九年）、『時の光の中で』（文藝春秋、二〇〇四年）に詳しい。評伝には松崎哲久『劇団四季と浅利慶太』（文春新書、二〇〇二年）、梅津齊『浅利慶太――叛逆と正統　劇団四季をつくった男』（日之出出版、二〇二〇年）がある。拙著『戦う演劇人』でも言及している。

＊8　筆者のいう「世界水準」とは全く違った「基準」を本書第V章の章末に言及している。

トされることを意味する。日本演劇の世界水準とはこのことである。

第一に、鈴木の舞台は四十数年にわたり三三ヶ国、八八都市から招聘され続けてきた。[*9] 第二に、アメリカ（ウィスコンシン大学、ジュリアード音楽院、カリフォルニア大学サンディエゴ校など）、中国（上海戯劇学院、国立中央戯劇学院）などの、権威ある俳優養成機関で招聘され、以後世界中の多くの機関でスズキ・トレーニング・メソッドによる訓練が行われている。第三に、鈴木演出作品がモスクワ芸術座（『リア王』、二〇〇四年）とタガンカ劇場（『エレクトラ』、二〇〇七年）のレパートリー（長期にわたって繰り返し上演する定番の演目）になった。第四に、二〇〇三年、国際スタニスラフスキー財団から日本人で初めてスタニスラフスキー賞を受賞した。二〇〇四年、ケンブリッジ大学出版局の〝二〇世紀をリードした演出家・劇作家二一人〟のシリーズに、アジアで一人だけ選ばれ、『The Theatre of Suzuki Tadashi』が刊行された。二〇一九年には国際演劇批評家協会のタリア賞をアジアで初めて受賞した。この国にこういう演出家はほかにいない。これらの評価は幾つかの舞台の衝撃による一時的な加熱や、政界や財界への演出家の説得力だけで得られるものではない。

2　第九回シアター・オリンピックス

〈祝祭〉と〈挽歌〉

二〇一九年八月二三日－九月二三日、富山県南砺《なんと》市の利賀《とが》芸術公園の諸施設（一部は黒部市）で第九回シアター・オリンピックスが開催された。[*10] 五週間で延べ二万人弱の観客が訪れた。うち九三〇人は一二ヶ国から利賀に来た観客だった。これとは別に一五ヶ国、三二〇人のスズキ・トレーニング・メソッドの訓練生も観劇した。「過疎」の地に時ならぬ祝祭空間が生まれた。それは鈴木忠志たちが一九六六年に結成した劇団（一九八四年まで早稲田小劇場、以後SCOT：Suzuki Company of Toga）の五三年後の達成にふさわしかった。

だが同時に、この祝祭空間には哀悼の気が漂っていた。シアター・オリンピックス利賀開催実現の影の功労者であった制作者、斉藤郁子はすでに亡く、SCOT創立時からの最後の俳優、蔦森皓祐が七月、稽古中に急死した。また〈世界は病院〉という鈴木独自のコンセプトを舞台

＊9　詳細については、本書第Ⅶ章参照。
＊10　シアター・オリンピックスの成立経緯の詳細については第Ⅴ章参照。第九回シアター・オリンピックスの概要については『利賀から世界へ』一一号（舞台芸術財団演劇人会議、二〇二〇年）。

高田みどり＋真言聲明の会『羯諦羯諦』

上に可視化させた代表作『リア王』の主役を長く務めてきたゲッツ・アルグスが、春に祖国ドイツで死去した。祭りの場は弔いの場でもあった。五三年の歳月は、この祝祭を手放しで祝うものにはしてくれなかったのである。

オープニングの演目はそれを示唆していた。『羯諦羯諦』は真言聲明の会による般若心経の読経と、高田みどりによる精選された幾つもの楽器によるパーカッションのコラボレーションである。般若心経のメッセージは「行く者よ、去り行く者よ」という死者への追悼である。[*11] 先に挙げた三人のほかにも、利賀に鈴木たちが来村した当時の野原村長や中沖富山県知事など、SCOTの定着に深く関わった人々もすでに鬼籍に入った。古くから早稲田小劇場以来の観客だった者には、草創期を支えた小野碩、鈴木両全、高橋辰夫などの姿が思い浮かぶ。さらにこの追悼は、現在この国で起きている様々な惨劇や、全世界での武力衝突の死者たちや難民の群れの全体にも及ぶものだと言えるかもしれない。

利賀開催のシアター・オリンピックスは、会場が山奥という地理的条件もあり、企画された演劇祭の規模はさほど大きなものではなかった。ところが、ロシアのヴァレリー・フォーキンがサンクトペテルブルク市との共同開催に動き、プーチン大統領が決断して日本政府に伝えたことによって、初の二都市共同開催（サンクトペテルブルクは六月から一二月まで半年開催という膨大な規模）が実現した。人口五〇〇弱の過疎の村落（行政区画としては南砺市、人口五万余）と人口五〇〇万を超える大都市の共催である。演劇祭全体の規模は巨大化した。八月二〇日に有楽町の東京會舘で行われた盛大な開幕式には、両国政府の要人が出席し、さながら二つの国の政府による共同事業の観を呈した。

鈴木忠志の〈劇場〉へ

しかし、利賀開催の企画は、規模ではなく、演劇を介した芸術家と芸術家、芸術家と観客の、

＊11　鈴木忠志演出の真言聲明の会&高田みどり『羯諦羯諦』の初演は二〇〇六年の静岡芸術劇場で、第Ⅵ章参照。それ以後何度もリメイクされてきた。

高い緊張の下での出会いと共同作業の場を作り上げようという意図で一貫していた。それが、この演劇祭の発案者テオドロス・テルゾプロスと芸術監督鈴木忠志が共有した固い初心であったといえよう。

主催は公益財団法人舞台芸術財団演劇人会議[*12]（JPAF）、シアター・オリンピックス2019実行委員会、文化庁、富山県、SCOT、共催は国際交流基金アジアセンター、南砺市、黒部市、公益財団法人富山県文化振興財団である。そして文化庁、独立行政法人日本芸術文化振興会、一般財団法人地域創造などの幾つかのスキームの助成があった。実行委員長は、地元富山の大手企業YKK[*13]の吉田忠裕取締役が務めた（以下、肩書はすべて当時）。

会場は、利賀山房、野外劇場、新利賀山房、創造交流館、岩舞台、利賀大山房、いずれも演出家鈴木忠志の〈器〉を示す劇場である。このほかに黒部の前沢ガーデン（野外劇場）と、黒部市宇奈月国際会館セレネ（屋内劇場）が使用された。

シアター・オリンピックス国際委員の演出家の作品で招聘されたのは、テオドロス・テルゾプロス（ギリシャ）『トロイアの女』、ロバート・ウィルソン（アメリカ）『（ジョン・ケージのテクストによる）〝無〟のレクチャー』、ヴァレリー・フォーキン（ロシア）『2016年、今日』、ラタン・ティヤム（インド）『マクベス』、ヤロスワフ・フレット（ポーランド）『アンヘリ』、リュー・リービン（劉立濱、中国）『天と地の間の生』、チェ・チリム（韓国）『名もなき花は風に散る』だった。シャイカ・テカンド（トルコ、『ゴドーを待ちながら』）、アン・ボガート（アメリカ、『ラジオ・マクベス』）、マティア・セバスティアン（イタリア、『青い鳥』）など、利賀に馴染みの演出家も参加した。

この他に、中国の王暁鷹《ワンシャオイン》（『蘭陵王』）、イタリア・サルディニアのアレサンドロ・セラ（『マクベス』）、スペインのパコ・デ・ラ・ザランダ（『すべては夜のなか』）、ロシアのアントン・オコネシュニコフ（『十二人』）、メキシコのホルヘ・A・ヴァルガス（『アマリロ』）、リトアニアのオスカラス・コルシュノヴァス（『浄化』）の作品が上演された。ダンスはレスツ・I・クスマニングルム（インドネシア、『いのちの旅』）、ホ・シャオメイ（台湾、『沈黙の島』）、ノエ・スーリエ（フランス、『トリノゾク』）、この他ロシア・トゥバ共和国のアラッシュ・アンサンブルの喉歌（『ホーメイ』）が参加した。

＊12　舞台芸術財団演劇人会議は、二〇〇〇年、鈴木忠志が理事長を務めていた財団法人国際舞台芸術研究所を改組して設立された。ＪＰＡＦは、Japan Performing Arts Foundation の略称。一九九七年、任意団体として発足し財団化された。通称演劇人会議。財団法人の制度が改められた後、公益財団法人となった。現在は改組されて公益財団法人利賀文化会議（Toga Culture Foundation）となっている。

＊13　一九三四年、吉田忠雄が創業した富山県を拠点とするグループ企業で、ファスナーを生産するＹＫＫとアルミ建材を生産するＹＫＫＡＰを二本の柱としている。商標は古くからＹＫＫだったが、社名が吉田工業からＹＫＫに変更されたのは一九九四年である。七二ヶ国・地域、一〇九社のグローバル体制を敷く。吉田忠裕は二代目社長。二〇一八年に会長職を退いた。

日本からはSCOT、真言聲明の会、平田オリザ（『東京ノート・インターナショナルバージョン』）、宮城聰（『天守物語』）、中島諒人（『剣を鍛える話』）、志賀亮史（『授業』）、金森穣（『still/speed/silence』、音楽：原田敬子）が参加した。三〇作品六四公演である。この他、平田オリザのワークショップがあり、毎週鈴木忠志のトークと上演作品を俎上に載せたシンポジウムがあった。[*14]

招聘された舞台

テルゾプロス演出の『トロイアの女』は、紛争当事国やその周辺の被抑圧少数民族の俳優がコロスで登場し、主人公であるトロイア王妃ヘカベの娘カサンドラ[*15]を四人で演じるという趣向だった。ギリシャ悲劇を演じることが、そのままで現代の戦争や難民問題と重なる卓抜のアイディアだった。世界の「危機」を主題化するといってもR・ウィルソンの『〝無〟のレクチャー』の舞台の趣は全く違った。それは日常の「リアル」から遥かに隔たっていたが、「セカイ系」的図式性からも遠く、ウィルソンの〈からだのことば〉には哲学的鬼気が漂っていた。

ロシアの若手演出家オコネシュニコフのアレクサンドル・ブロークの詩に因んだ『十二人』は刺激的だった。ロシア革命の帰趨も定かでない時期、一二人の、たまたま赤軍兵士になってしまったフツウの若者たちが、明日の命もわからぬままにペトログラードに向かって行進する哀しくも滑稽な姿を映像と照明を駆使して描いたものだ。一二人は、一二使徒の「もどき」でもあり、テーマは現代のロシア、あるいは現代の世界への異議申し立てに見えた。私はB・ブレヒトの『赤軍兵士の歌』[*16]を思い浮かべながら見た。

同じく映像と照明を駆使したヴァルガスの『アマリロ』にも目を瞠るものがあった。二〇〇九年の作である。アマリロはテキサス州の都市で、ヒスパニックがアメリカに入国する通路に当たる。トランプが壁を築くと言い始める遙か以前から人々はここに殺到し命の危険に身を晒

＊14　『利賀から世界へ』一一号（舞台芸術財団演劇人会議刊）には、五週にわたって行われた鈴木忠志のトークと、上演された作品のほとんどについて言及した五回のシンポジウムの記録が掲載されている。司会の山村武善のほか、内野儀、菅が五回連続で登場した。ゲストは、第一週が苅部直（政治学）、第二週が西垣通（情報学）、第三週が水野和夫（経済学）、第四週が大澤真幸（社会学）、第五週が渡辺保（演劇批評）である。

＊15　ギリシャ神話に登場する。トロイアの王プリアモスとヘカベの娘。アポロンに見染められ、予言能力を与えられたが、愛を拒んだため、カサンドラの予言は誰にも信じられなくされてしまった。トロイアとギリシャの戦争でも、木馬はギリシャ軍の陰謀だと見抜いて警告したが、誰も信じなかった。トロイアがギリシャ軍に敗れた後、総大将アガメムノーンはカサンドラを夜伽の相手にギリシャに連れ去ったが、帰国すると、待ち構えていた妻クリテムネストラと彼女の愛人アイギストスによって、アガメムノーンとカサンドラは殺されてしまう。

＊16　野村修責任編集『ベルトルト・ブレヒトの仕事3　ブレヒトの詩』河出書房新社、一九七二年、七五－七七頁。B・ブレヒトの詩に出てくる「赤軍兵士」は、勝利したロシア革命の赤軍兵士ではない。無間地獄へと行進する「赤軍兵士」である。ブレヒトはおそらく短命に終わったバイエルン革命の「赤軍兵士」の悲劇を念頭に置いていた。

してきた。彼らは「不法」に国境を超えるために素性を消す。だから金品を奪われても人買いに売られても殺されても、訴え出ることもできない。アマリロにはそれに付け込む犯罪者や悪徳警官が溢れている。その現実が報告劇的に提示される。

演じられる役、演じる俳優、演じられる映像、映像に映し出される生身の俳優が、相互に照射し合う。それに観客は立ち会う。二つの注目すべき舞台がともにこの手法を駆使していたのは偶然ではないと思った。それは上演主体の自己凝視の方法であるとともに、観客に自己凝視を強いる方法でもあった。

アレサンドロ・セラ演出のサルディニア語による『マクベス』、インドのラタン・ティヤム演出の『マクベス』、トルコのシャイカ・テカンド演出の『ゴドーを待ちながら』、あたかも『ゴドーを待ちながら』のように始まり、やがてそれがシェイクスピアの作品人物になりかわり、最後は戴冠式で終わる、スペインの演出家パコ・デ・ラ・ザランダの『すべては夜のなか』では、熟達した俳優の才長けた演技を堪能させてもらった。

『北日本新聞』『富山新聞』など常連の地元紙だけでなく、この三十年来、一部の例外を除いて長らくSCOTに見向きもしなかった全国紙各社や通信社が[*17]、記者の世代交代もあってか、

*17 二〇一九年夏には全国紙はこぞって取材に訪れたが、一九九〇年代以降三〇年近く、ほとんどの日刊紙がSCOTや鈴木忠志の活動をネグレクトしてきた。八〇年代からの新聞ジャーナリズムの態度の変化は、早稲田小劇場が利賀に拠点を移した当時、最も熱心なフォロワーだった扇田

昭彦朝日新聞記者が態度を一変させたことに誘導されていたと筆者は考える。理由は定かではない。ただ以下のように類推は可能だ。

いわゆる「アングラ」の東京での退潮を契機に、新劇とポスト新劇の創造上の対立・緊張が薄れ、政府が演劇を支援政策の対象とするようになり、公共劇場の建設の機運も高まると、「演劇業界」としてサバイバルするための両者の一体化が進んだ。新聞社などが主催の演劇賞も制定され、新聞ジャーナリズムはこの機運を後押しする役割を担うようになった。演劇界では、経済的延命のために、次第に表現の「質」の差異を不問に付すようになり、全体として政府の援助への「依存体質」が深まった。

その結果、経済的に自立していて延命を業界や政府に依存する必要のない劇団四季と、東京の演劇界と無縁に利賀に拠点を築き、演劇の「質」を問う活動を展開してきたSCOTが「業界」の圏外に出た。鈴木は、幾つかの節目で「東京の演劇」に対して激しい批判を行った。他方で政府や自治体を説得して、公共劇場の建設（水戸芸術館、静岡県舞台芸術センターの諸施設）を主導し、「業界」団体の陳情では手が届かない公的資金の導入にも成功した。「業界」は鈴木に反発した。「業界」に寄り添う志向を強めた新聞ジャーナリズムが業界の反発を忖度して鈴木をネグレクトするようになったのはこの事態と相関していると筆者は考えている。それでも近年、記者の世代交代が進み、こうした忖度から次第に自由になって、利賀への取材も次第に増え始めた矢先にシアター・オリンピックスが開催され様相が一変した。

九〇年代以降も鈴木忠志とSCOTの活動を一貫してフォローしてきたのは『日本経済新聞』と、庄司正記者が存命であった時期までの『東京新聞』などである。筆者が利賀に頻繁に通うようになった時期以後、この一、二年を除くと『読売新聞』の演劇担当記者に遭遇したことはなかった。扇田昭彦が演劇担当記者だった時期の後半以来、『朝日新聞』の記者は時折見かけたが演劇欄の記事にはなかなかしなかった。近年は、『産経新聞』、『共同通信』の記者もよく見かける。

こぞってこの演劇祭を取り上げた。FNN系の富山テレビの取材もあった。チェ・チリム演出作品の上演の時には、韓国『中央日報』と韓国のテレビ局も取材に訪れた。後日発行されたシアター・オリンピックスの公式記録によると、サンクトペテルブルクで上演された鈴木忠志演出の『シラノ・ド・ベルジュラック』については、ロシアの『ヴェチェールヌイ・サンクトペテルブルク』と『ニューヨーク・タイムズ』が大きく誌面を割いた。

3　SCOT　参加作品と劇団

〈身体造形〉の成果

鈴木忠志の演出作品は『ディオニュソス』『リア王』『サド侯爵夫人（第二幕）』『世界の果てからこんにちは』である。サンクトペテルブルクには日本でもオープニングで上演された『羯諦羯諦』と後述するように『シラノ・ド・ベルジュラック』が参加した。

『ディオニュソス』では、インドネシアの俳優がペンテウス王の祖父カドモスとディオニュソス教の僧侶（コロス）、女性のコロス（ディオニュソス教の信女）を、中国の田冲がペンテウスを、SCOTの内藤千恵子がアガウエを演じた。

インドネシア人俳優の集団からは〈霊気〉が立ちのぼった。今回の上演は、鈴木の身体造形が、俳優の身体が獲得した生得の言語の差異を生かしながら、差異を超えた〈からだのことば〉の普遍の形を示したという意味で、特筆されるべきだろう。インドネシアの俳優たちはエスニシティごとに互いに異なる言葉を話す。俳優はひとりの台詞は固有の言葉で語り、集団で語る時は、僧侶、信女それぞれの、統一した地方の言語で語る。これに田冲の中国語と内藤千恵子の日本語が絡み合う。全体をひとつのことばにするのは、スズキ・トレーニング・メソッドによって獲得された呼吸である。

『リア王』も多言語演劇の達成を示す舞台となった。ゲッツ・アルグス（ドイツ語圏）が急死し、竹森陽一がリアを演じたためドイツ語が欠け、五ヶ国語（英語、ロシア語、中国語、韓国語、日本語）で上演された。『リア王』は一九八四年、利賀山房で初演された後、何度も配役が変わり、様々な言語の俳優に演じられた。いずれの上演でもスズキ・トレーニング・メソッドによる発声と動作と呼吸が俳優のコードとして共有された。二つの舞台は、俳優の身体がどこまで母語を超えて普遍性を持ちうるかを示すのに最適だといえる。

最も徹底した「多言語演劇」は、長年、スズキ・トレーニング・メソッドを実践し、多くの俳優たちに教えてきたマティア・セバスティアン演出のメーテルリンク作『青い鳥』（黒部市宇奈月国際会館セレネ）である。

英語（米・豪）、イタリア語、フランス語、リトアニア語、ハンガリー語、スペイン語、ギリシャ語の俳優によって演じられた。ちなみに『青い鳥』を演じた劇団インターナショナルS

COTには、このほかにデンマーク、中国、韓国、シンガポール、アルゼンチン、ブラジルの劇団員も所属している。

読み換えられた『ディオニュソス』

演出家は常に、他人のテクストをどう解釈するかが問われる。そこに演出家の世界批評の見識が現れるからである。エウリピデス作『ディオニュソス』の鈴木演出による上演は、一九七八年、岩波ホールでの『バッコスの信女』に始まる。その後題名は『ディオニュソス――おさらば教の誕生――喪失の様式をめぐって1』『酒神ディオニュソス』『ディオニュソス』と変遷した。

当初は、アジアで広がりギリシャ（テーバイ）に浸透してきたディオニュソス信仰に対する、テーバイ王ペンテウスの冒瀆を怒ったディオニュソスが、ペンテウスの母アガウエを錯乱させて信女たちの宗教的陶酔に誘い込み、恍惚状態でペンテウスを殺害させるというエウリピデスのプロットがそのまま踏襲されていた。ここから示唆されるのは、鄙の地の信仰を蔑ろにすれば必ず神罰が下るという「優越民族」ギリシャの独善に対する自戒の勧めである。

初演の後、国際社会ではソ連のアフガン侵攻、イスラエルのパレスティナ侵攻とそれに対抗するインティファーダ、湾岸戦争、九・一一とその報復としてのアメリカのアフガン侵攻、イラク戦争などがあった。今も中東は紛争の渦中にある。ミャンマーにはロヒンギャ虐殺があり、

中国には中央政府によるチベットとウイグルへの執拗な弾圧（文化抹殺）がある。日本では、オウム真理教の「テロ」があった。極論すれば世界はあたかも「宗教戦争」の観を呈した。
鈴木は一九九〇年に題名を変えた時から、ディオニュソス教の僧侶たちが舞台の上でペンテウスを謀殺する衝撃的なシーンを加えた。僧侶によるペンテウス殺しの罪は、信女の饗宴に誘い出されたアガウエに帰せられる。ペンテウスの死は神罰ではなく、政治的宗教教団による陰謀と解釈された。
SCOTは九・一一の直後に『ディオニュソス』をアメリカで上演した。「アメリカ人も正義を元に行動を起こすとき、その正義を正当化するために、どのような物語＝ストーリーを創作し、多くの人たちに不幸な犠牲を強いてきたかをも認識してほしかったからである」と鈴木は書いている。[*18]『ディオニュソス』の主題は、宗教的正当性の名を借りた政治謀略への批判に置き換えられた。卓抜極まる換骨奪胎である。

『リア王』『サド侯爵夫人』

一九八四年に初演された鈴木忠志の『リア王』のテーマは、当初から極めて「哲学的」だった。「世界は狂人の跋扈する病院[*19]」だという設定は初演から現在まで一貫している。「世界は病院」という鈴木の発想は、実は一九七五年にまで遡る。[*20]さらに舞台を病院に擬《なぞら》える発想の起源は『どん底における民俗学的分析』にまで遡ると鈴木はいう。[*21]

鈴木演出のリア王の生身は精神病院に収容された瀕死の認知症老人であり、リアの「悲劇」は老人の妄想である。医師も看護師も病人である。この強固なフレームが、老いたるリアの、娘に対する国譲りの失敗の物語を外から支える。舞台上が病院だということは、反照的に観客の世界も病院であることを示唆する。他人の惨劇を憫笑していた観客は我に返る。初見の折には慄然とした。

『サド侯爵夫人』は、二〇〇七年の初演以来、第二幕だけ上演されてきた。第二幕にはサド侯爵夫人ルネと母親モントルイユ夫人の論理の対決が凝縮されているからだ。三島の言葉には日常性のかけらもない。ことごとく抽象とその修飾である。家庭劇の装いを取りながら、家庭内では金輪際語られない言葉が衝突する。モントルイユ夫人は身分と資産と利権を守ることを正

＊18　鈴木忠志「ディオニュソス」二〇一〇年一一月二二日、ブログ「見たり・聴いたり」、SCOT公式サイト。https://www.scot-suzukicompany.com/blog/suzuki/2010-11/48/

＊19　鈴木忠志「リア王初演」二〇一〇年一一月一二日、前出ブログ「見たり・聴いたり」。https://www.scot-suzukicompany.com/blog/suzuki/2010-11/47/

＊20　鈴木忠志「私のマクベス――夜と時計」『ユリイカ』一九七五年一一月号。のちに鈴木忠志『内角の和Ⅱ』而立書房、二〇〇三年に所収。

＊21　鈴木忠志＋別役実「早稲田小劇場の誕生をめぐって」『劇的なるものをめぐって――鈴木忠志とその世界』工作舎、一九七七年、五七頁。

上：『リア王』、下：『サド公爵夫人（第二幕）』

義だと強弁する「俗物道徳」の権化である。世俗の世界では必勝の論理だ。ルネは母親に戦いを挑む。

対決の極点で、母は「私は火焙りにされて死ぬつもりはない」という。ルネは「私も老いさらばえて小金を貯め込んだ、身持ちのいい売春婦のように死にはしません」と切り返す。ルネの対抗原理は、三島が理想とした「芸術家」の論理、孤絶した魂が獄中の夫サドとの目に見えない共犯（＝連帯）だけをよりどころに繰り広げる闘いの原理にほかならない。鈴木はそれを「精神の『やくざ』」（初演演出ノート）と呼んだ。

「精神の『やくざ』」とは、「法措定的」（ベンヤミン『暴力批判論』）なるものの拒絶を意味する。世俗の世界では必敗の論理である。鈴木の関心は三島のきらびやかで多彩な語彙で組み上げられた二つの論理の熾烈な激突にあった。「やくざ」は、この幕の終景で「かたぎ」に対して束の間の勝利を博する。舞台には戦後史に名を刻んだもうひとりの「精神のやくざ」（と鈴木が定義した）美空ひばりの歌が朗々と響き渡った。[*22]

＊22　鈴木忠志「昭和時代」二〇一二年一一月二二日、前出ブログ「見たり・聴いたり」。https://www.scot-suzukicompany.com/blog/suzuki/2012-11/119/、「やくざ」二〇一二年一一月二四日、「見たり・聴いたり」。https://www.scot-suzukicompany.com/blog/suzuki/2012-11/120/

〈お亡くなりになる〉日本

『世界の果てからこんにちは』の初演は一九九一年、まだこの国がバブル景気の渦中にあると信じられていた頃である。[*23] 舞台は「ニッポン」の来し方行く末に強く拘泥する「男」の執念が次々呼び出す妄想の連鎖で構成されている。劇中で「ニッポン」が「お亡くなりに」なる。この場面は、滅亡を前にしたマクベスが妻の死を聞くシーンのパロディである。

「半ば冗談のつもりで」作られたというこの作品のリアリティは、時を経るにつれて強まった。筆者は一九九四年に初めて見た。〈滅び〉の実感は当時まだ薄かった。だが、やがて国際情勢の変化と、日本社会の立てつけのひずみが露顕した。阪神淡路大震災、地下鉄サリン事件、アジア経済危機、アフガン戦争、イラク戦争、リーマンショック、派遣村、東日本大震災、「空白の二〇年」と呼ばれる経済指標の低下ととめどない格差拡大。年々、舞台は観客にとっての〈わがこと〉の投射と見えるようになった。

他方、舞台上で打ち上げられる花火は年を経るとともに質量ともに華美の限りを尽くしたものになり、観客は祝祭のうちに終末を、終末のうちに祝祭を感じ取るように誘引された。この野外劇は、三〇年にわたって、利賀を訪れた観客に日常の自明性の強制的切断という意味での「例外状態」の幻想を提示し続けてきた。シアター・オリンピックスでは毎週四回反復された。それは、観客の感性に向けて「ニッポン」は「お亡くなりに」なると思うか、それでいいのかどうか、よくなければ、何をどう考えるべきか、という論争的なメッセージであった。

サンクトペテルブルクでは、『羯諦羯諦』とともにロスタン原作『シラノ・ド・ベルジュラック』が上演された。原作は、ことばこそが人間の本質だとする伝統を持つ国でなければ成立しないドラマである。西洋人のことばへの信仰は旧約聖書の「はじめにことばありき」に淵源する。これを受けとめた上で換骨奪胎するのが鈴木の挑戦の意図であった。

鈴木は上演台本を、恋人ロクサアヌに対する〝ことば〟（シラノ）と〝見え姿〟（クリスチャン）の闘いの一点に集約し、この主題にとっての原作の「余剰」を削ぎ落した。シラノの臨終の場面でロクサアヌは自分が愛したのが生前のクリスチャンの〝見え姿〟ではなく、恋文の代筆をしていたシラノの〝ことば〟だったことに気づく。ロクサアヌは、自分はあなたをこそ愛し、あなたこそが私を愛してくれたのだと瀕死のシラノに語りかける。シラノは最後まであなたを愛したのはクリスチャンだと否認し続ける。それが「男の心意気」なのである。痩せ我慢のダンディズムの真意はロクサアヌに伝わる。舞台には、歌劇『椿姫』が鳴り響き続ける。死

＊23　一九九〇年代初頭、暴騰を続けてきた地価が下落に転じたのは九一年八月。九三年末には、地価が絶頂期の五九％にまで下落した。株価は八九年一二月二九日を頂点に、翌年から下落に転じ、九二年八月、絶頂期の半分以下となった。バブル崩壊が一般に実感されるようになったのは、阪神淡路大震災と地下鉄サリン事件が起きた九五年あたりであったと記憶する。

別が恋の成就でもあるという意味で二つの作品のストーリーが共軛だからでもあろう。
テーマは、ガスコン（フランス南西部ガスコーニュ生まれ）の武人の恋物語が日本人にとって何を意味するかという〈問い〉である。だから渡辺保が指摘するように衣装は新国劇の翻案劇[*24]『白野弁十郎』（額田六福翻案、一九二六年新国劇が上演）に倣っている。台詞もそれにふさわしく、辰野隆・鈴木信太郎訳の文語的口語が採用された。肝心なのは、フランス人の恋物語を、昔武士だった喬三が書き演じる、という一見「ミスマッチ」な外郭の設定である。喬三の故郷の村人たちが、故郷の〈村〉を捨てて東京に出た喬三を悪しざまに噂する、という外郭の外郭まで設定された。日本近代に対する鈴木忠志の自己批評がロシアの観客に向けて発信されたのである。

SCOTの現況

二〇二一年は早稲田小劇場結成から五六年目に当たる。かつて鈴木とこの劇団の耳目を攲《そばだ》たしめた活動といえば、一九七二年、『劇的なるものをめぐってⅡ』のテアトル・デ・ナシオン（諸国民演劇祭）での上演、七四年、岩波ホールの芸術監督に就任した鈴木忠志演出の『トロイアの女』の上演、七六年の利賀への拠点の移動、八二年からの利賀フェスティバルの開催など

＊24　渡辺保『演出家　鈴木忠志──その思想と作品』岩波書店、二〇一九年、一二七頁。

だろう。

その後、鈴木は、一九九〇年に水戸芸術館の創設に関わる。水戸市は、この国で初めて公立劇場に芸術監督制を導入した。さらに鈴木は、静岡県舞台芸術センター（ＳＰＡＣ）で、芸術総監督制の本格的なモデルの確立に力を注いだ。二〇〇七年にＳＰＡＣ芸術総監督を退いてからは、鈴木は創造拠点としての利賀芸術公園のさらなる拡充に力を注いだ。

この一〇年、利賀の劇場が整備された。従来の利賀山房、新利賀山房、野外劇場のほかに、創造交流館、岩舞台、利賀大山房が作られた。また、大きな催事が可能なように、芸術公園内の宿泊施設も拡充された。以前、スタジオの呼称で、劇場として使用されていた建物は、映画の上映や来賓の交流のための施設に改装された。

俳優陣も充実した。男優は創立メンバーの蔦森皓祐（一九年七月没）、早稲田小劇場時代からの竹森陽一、加藤雅治、塩原充知、水戸芸術館ＡＣＭ劇団時代からの新堀清純（近年退団）の後に、藤本康宏、植田大介、平垣温人、石川治雄などが加わった。女優は、ＳＰＡＣに入団した齊藤真紀、内藤千恵子のあと、拠点が再び利賀になってから佐藤ジョンソンあき、木山はるか、鬼頭理沙などが加入した。いずれも主役を張れる俳優である。

劇団員の「国際化」も進み、エレン・ローレンのような古くからの常連のほかに、カメロン・スティール、イ・ソンウォン、田沖、ビョン・ユジョン、ナナ・タチシビリ等が加わった。集団総体の力量はＳＣＯＴ史上かつてなく高まっている。また、ＳＣＯＴ本体とは別に一三ヶ国の俳優によるインターナショナルSCOTがあることは先に触れた。スズキ・トレーニング・メソッドを学びに来る外国人は年々増加し、一九八三年から二〇一九年を合計すると、四一ヶ国、六〇〇〇人に及ぶ。第九回シアター・オリンピックスは、SCOTが築き上げた力の総量を、拠点の劇場から世界に発信する機会ともなった。

シアター・オリンピックス開催後、利賀芸術公園を運営するより強力な体制づくりを進めるために、利賀芸術公園を中心とした事業体の企画運営を担ってきた公益財団法人舞台芸術財団演劇人会議が利賀文化会議[*25]に改組された。それは、鈴木の活動のためのさらなる拠点強化の一環であるとともに、鈴木なき後にも利賀芸術公園を公共財として活用するための環境設計だともいえる。

鈴木忠志の軌跡は、鈴木忠志が「演劇人」の枠には収まらない、演劇を媒介に想像力の圏域で世界と闘う人間であることを示している。その闘いは個人のものではなく、集団のものである。以下の七章で、闘いがどのように始まり、どのような経過を辿って今日に至ったのかを記してゆきたい。

＊25 註12参照。

第Ⅱ章
その初心と第一の飛躍
（1960-1968）

1　戦後への隔靴掻痒——新劇への違和

扉写真：
東京・新宿区戸塚町にあった
早稲田小劇場

この章ではまず、鈴木忠志の演劇的初心の形成とその歴史的背景について考えたい。鈴木忠志は、一九八二年に、六〇年代を回顧して次のように語っている。

「裏切られてる気持ち」のほうへ

田舎から出てきて下宿したり、恋愛したりして、妊娠したのおろしたの、ふられて自殺しようとしたりね。何かそういうやつらがいっぱいいたのよ、ああいう時代でも。それで、キラキラしたものを持っているんだけど、それが何となくぶきっちょで、何かこう、出せないというようなやつがいっぱいいたのよ。俺はそのシンボルが白石〔加代子〕だと、いまでも思っているけどね。（…）菅〔孝行〕とか運動派の連中はもっとほがらかだったと思うのね、そういう意味では。

（…）必ずしも菅たちの状況判断とか、福田善之の状況判断に反対じゃないんだよ、それは。その通りだと思う部分はもちろん、シンパシーもある。だけども、それは芝居じゃないんだよね。（…）演出をやる場合は、もう少しみじめったらしいところの感情をオルグしていく。つまり裏切られてる気持ちのほうをオルグしなきゃいけない。ところが彼らは、裏切られない気持ちを謳歌していくわけよ。そういうことでしょう、革命があるということは。（…）積極性のほうを主張しているわけ。

ところが芝居というのは、この気持ちは絶対積極性として出せないな、最終的にも肯定されない世の中に対する感情だな、しかもこういう体制なり制度というものがある限り不変だな――そう思う部分にしか立脚できないと思うの。だからそれが怨念であり、狂気になったりするのよ。つまり中心的な価値基準から排除された感情なり感覚。それを俺の芝居の場合は、ことさら強調した。[*1]

「運動派」に名指された者にも言い分はある。「運動派」も、この時代には確かな「見えるもの」の合理に依拠できる運動など考えようもなかった。「革命の演劇」もまた、それを載せてい

＊1 「インタビューによる鈴木忠志独演30600秒」『別冊新評 鈴木忠志の世界』一九八二年、六八－六九頁。

る場は「不条理」であることに変わりはなかった。六〇年代演劇の〈はじまり〉を共にした者たちは、互いにそれほど遠いところにいたわけではない。[*2] ただ、「裏切られてる気持ち」に踏み込んで加担するのか、「肯定されない世の中に対する感情」のみじめさを前提にそれでもそこから脱け出そうとする志向に加担するのかは、ある意味では確かに重大な分岐であった。「運動派」とは後者のことであるに過ぎない。政治主義者のことでも楽天主義者のことでもない。

占領統治のからくりと一九六〇年

鈴木忠志が演劇に出会うのは学生時代である。大学入学は一九五八年、早稲田大学の学生劇団の自由舞台で活動した。演劇的覚醒は学生時代に来た。それはもちろん個人のできごとだが、歴史的環境との対峙抜きに演出家鈴木忠志の誕生はなかったといってよい。

一九六〇年、日米安全保障条約の改定と三井三池争議で社会が激動した。安保は外交・軍事、三池はエネルギー政策の選択である。元A級戦犯の岸信介は首相の座に就くと日米安全保障条約の改定に動いた。日本をアメリカの膝下において国際社会に復帰させたいアメリカと、その意向に沿いながら資本主義国家としての自立の道を探りたい日本支配層の意図が、微妙な齟齬を含みながら嚙み合った。軍事同盟の改定という課題がこれほど早く浮上したのは、占領政策に背中を押された戦後日本の急速な経済的発展なくしてはありえないことである。

アメリカが占領統治の基本を「民主化」よりも早期の経済復興に置いたのは、冷戦下に東アジアでの強力な軍事的拠点を早急に日本に築くためだった。占領統治の基本は、武装解除と天皇主権の剝奪、それと引き換えの天皇制の存置、天皇裕仁不訴追だった。アメリカは天皇の権威の下にある政府に占領政策を執行させることが得策と判断したのである。

アメリカによる天皇制存置は、それと引き換えに、経済発展した後も日本がアメリカの国益に自発的に従属するという密約構造を、占領の始まりで確定するための戦略の一環でもあった。天皇とその側近は「国体護持」が約束されるのならば、とこの条件に飛びついた。天皇が国政に関与する権能を失った後にも、「沖縄メッセージ」やダレス特使引見などで米国の意向に沿うことに尽力したのも「国体護持」への「返礼」にほかならなかった。[*3]

歴史の欺瞞への隔靴掻痒感

このようにして、敗戦後の日本には決定的な〈欺瞞〉が組み込まれた。「自由」は占領軍の

＊2　前出、拙著『戦う演劇人』二四八–二四九頁参照。
＊3　敗戦処理に際しての日米両国政府の欺瞞と天皇が果たした役割については、加藤哲郎『象徴天皇制の起源』（平凡社新書、二〇〇五年）、豊下楢彦『安保条約の成立』（岩波新書、一九九六年）、同『昭和天皇・マッカーサー会見』（岩波現代文庫、二〇〇八年）、同『昭和天皇の戦後日本』（岩波書店、二〇一五年）、それを国民が受容してゆく過程についてはJ・ダワー『敗北を抱きしめて』（岩波書店、増補版二〇〇四年）が示唆に富んでいる。

命令であり、「民主主義」国家には君主が残った。熱心に「愛国」を語る者は戦争犯罪の加担者だった。この不問に付された〈よじれ〉に対する苛立ちを共有していた多くの人々は、安保改定が尋常でない事態だと直観した。今ここで企てられている軍事同盟は取り返しのつかない選択だという集団的直観が「岸を倒せ」のスローガンに収斂した。後の六〇年代演劇の担い手の多くは、二〇歳前後で、このエートスの渦中にいた。そこには、虚飾を暴く想像力こそが文学・芸術の使命であり、力であるという矜持の共有があった。

政府・与党は五月一九日深夜（二〇日〇時過ぎ）の衆議院本会議で、野党の意向を無視して条約を強行採決した。社会党・共産党・総評の傘下にあった反対運動の大勢は、民主主義の回復と、日本国家のアメリカからの自立を求めた。他方、共産主義者同盟率いる全学連主流派は、民主主義を守れというスローガンは安保改定反対という本来の目的から外れるものだと批判し、安保改定の阻止と政府およびその基盤である日本帝国主義の打倒を主張した。旧左翼は復活した自国の権力基盤の巨大さを見落とし、新左翼は日本を今日まで呪縛するアメリカの奥深い政治的意図を見逃した。後になってからやっと言えることだが、どちらも戦後史に組み込まれた〈欺瞞〉を見落としたと言わざるを得ない。

同時代の視野では全学連主流派を支持するのか、社会党・共産党・総評の作った「安保改定阻止国民会議」を支持するのか、主要な敵は復活した日本の「帝国主義」なのか、日本を自らの陣営に引きずり込む「アメリカ帝国主義」なのかが、重大な分岐点と考えられた。しかし、今日の視野からは、主要な敵がどちらであれ、敗戦後の日本人に突きつけられた政治の選択が、その後の日本人・日本国家・日本社会の運命を決定する一世紀に一度の重大事だという直観を持ち合わせていたかどうかだけが重要だったのである。

和製「スタニスラフスキー・システム」の呪縛

ただ、過ぎ去った後でしか気づけないそのような「見落とし」はともかく、当時の新左翼には守旧的な権威を拒む激しいアンチ・エスタブリッシュメントのエートスが息づいていたことは特筆すべき事実である。アンチ・エスタブリッシュメントの意志は、演劇の内部では〈新劇〉の守旧性への拒絶の意志と重なった。周知のように戦後の新劇は、戦前からの指導者が戦後もその座にあった。公然たる反共主義者は福田恆存くらいで、左翼ではない文学座でも、戦争協力の過去は不問にして、進歩主義の基本姿勢をとっていた。戦後もソ連ではスタニスラフスキー・システムが正統の創造理論とされ、演劇界主流はそれを踏襲していた。これが戦後演劇の〈欺瞞〉のかたちだった。

スタニスラフスキー本人は『俳優修業』を、俳優のインスピレーションを喚起するための「滑走」の方法だと言っていて、偏狭な現実模写の信奉者ではなかった。しかし、戦後日本のスタニスラフスキー理解は、左翼倫理主義の匂いの染みついた生活模写への偏向が甚だしかった。私は、それを「和製スタニスラフスキー・システム」[*4]と呼んできた。その影響は学生や労働者・地域住民のアマチュア演劇にも奥深く浸透していた。鈴木忠志が在籍した早稲田大学の学生劇団自由舞台は、鈴木たちが創造方法や流儀を転換させるまで、最もリジッドにこの「システム」を適用するサークルだった。

浅利慶太の反旗

六〇年を遡ること数年、新左翼とかアンダーグラウンドなどというカテゴリーが生まれる遙か以前に、この欺瞞が生み出す守旧性に反発した演劇人は存在した。一九五三年に結成された劇団四季をはじめ、反「築地」、反ロシア・リアリズム、反スタニスラフスキー・システムの立場をとった。浅利慶太がアヌイ、ジロドゥの戯曲の翻訳上演で構想したのは、「和製スタニスラフスキー・システム」とは正反対の、フランス古典劇を範とする韻文の朗誦劇だった。紆余曲折を経て、それは劇団四季の「母音法」に結実する。また初期劇団四季の思想的立場は、サルトルの実存主義やカミュの不条理哲学への共感が強かった。サルトルとカミュには重大な対立があったが、マルクス主義へのカウンターパートとしては共軛と考えられていた。

一九六〇年、劇団四季は一時、谷川俊太郎、寺山修司、石原慎太郎、矢代静一らの「創作戯曲」の上演に軸足を移した。矢代以外は「若い日本の会」のメンバーで、警察官職務執行法制定や日米安保条約の改定に疑義を呈する論陣を張っていた。この「会」には、武満徹、開高健、大江健三郎、江藤淳、吉田直哉、羽仁進なども名を連ねた。後に極右化する黛敏郎までいた。[*5]

＊4　少なくとも日本では一九六〇年代あたりまでの理解では、スタニスラフスキーがインスピレーションを得て「われあり」の境位に到達するための方法として構想したものとは考えられていなかった。スタニスラフスキーの方法は、支持する側にも反発する側にも日常模写至上主義と考えられてきた。職業劇団でも自立演劇でも学生演劇でも、稽古や指導の場面で、そういうものとして実践された。

しかし、スタニスラフスキーの全貌が徐々に明らかになるにつれて、ある程度の情報が日本にももたらされてきたのだろう。遠藤慎吾が若き日の浅利慶太との対談「新人の椅子」で「君の言うことは、日本のスタニスラフスキー・システムの場合を言う時には判るが（…）それではスタニスラフスキー・システムそのものに対するものとしては弱すぎるよ」（『浅利慶太の四季』Ⅰ、一九九九年、六二頁以下）と述べているのはこうした事態を示唆するものだろう。スタニスラフスキーの方法がリアリズムであることは否定できないだろうが、いま、それを素朴な日常模写の方法と考えるのは単純すぎる。

＊5　「若い日本の会」のメンバーはほかに、浅利慶太、永六輔、山川方夫、山田正弘などである。なお江藤淳編『発言――シンポジウム』（河出書房新社、一九六〇年）では、冒頭に掲載されているエッセーの筆者は、五十音順に、浅利慶太、石原慎太郎、大江健三郎、城山三郎、武満徹、谷川俊太郎、羽仁進、山川方夫、吉田直哉である。シンポジウムでも、この一〇人が発言している。（司会江藤淳）。かなりの程度「若い日本の会」のメンバーと重複している。六〇年代半ばには同席がありえない「呉越同舟」感溢れる人々の集まりである。警察官職務執行法改定反対、安保条約改定反対がどれほど広い幅の知識人の関心の的となったのかがうかがわれる。巻末にコメントを寄せているのは佐々木基一、大江健三郎、吉本隆明、石原慎太郎、江藤淳、河上徹太郎である。

彼らの政治的立場は千差万別だったが、戦後秩序と反体制主流の〈欺瞞〉に強い違和感を抱いているという一点で共通していた。

既存新劇界の中からも、六〇年には、劇団青芸、演劇座、自由劇場（佐藤信たちの劇団とは別。戦前派の演出家程島武夫主宰）など、戦後新劇主流に批判的なグループが出現した。[*6] 福田善之、宮本研の戯曲を次々に上演した青芸、秋元松代の代表作『常陸坊海尊』と『かさぶた式部考』を上演した演劇座は演劇史に名を刻んだ。

2 学生演劇から六〇年代演劇へ

社会変容と「鬼っ子」の誕生

岸退陣の後、池田内閣は所得倍増政策を掲げた。政府の目算さえ上回り、七年後にはＧＤＰベースでの倍増が達成された。その裏で、三井三池に代表された石炭産業は犠牲に供せられた。また、農業基本法が制定され、農業の大規模化・機械化・化学化に耐えられない貧農が切り捨てられ、多くの農民が不安定労働力として大都市に流出した。

しかし、兎にも角にも日本社会の飢餓の危機は軽減され局所化した。大衆は貧しかったが、貧しさの性格が変化した。かつての貧しさは直接生死に関わったが、六〇年代には、わずかな娯楽的消費を可能にする、雀の涙ほどの可処分所得がある程度の貧困層にも配分された。ダッコちゃんやフラフープが大流行したのは象徴的なできごとだった。その後の可処分所得の漸増はテレビの普及に寄与し、それが視聴覚文化の浸透を促した。貧しさの性格転換は、貧困な青年層の自己表現の余地を拡大した。文字で書く、という最も安上がりな媒体だけでなく、わずかな経費で「自主映画」、演劇、ダンス、美術展、ジャズやフォークやロックのコンサートも可能となった。

また可処分所得の漸増は、自身が高等教育を受けられなかった階層に、子どもを大学にやろうという欲望を掻き立てた。六〇年代中頃には大学生が激増し、大学大衆化が進行した。これ

＊6　劇団青芸（青年芸術劇場）は米倉斉加年、岡村春彦など民芸俳優教室三期生を中心に一九六〇年結成。特別劇団員に観世栄夫、福田善之を迎えた。福田善之『記録 no.1』『遠くまで行くんだ』『長い墓標の列』（再演）『袴垂れはどこだ』『三日月の影』、宮本研『メカニズム作戦』、別役実『象』（再演）などを上演した。演劇座は八田元夫演出研究所を退団した高山図南雄が、灰地順らとともに一九六〇年に結成した劇団。秋元松代の初期の代表作『常陸坊海尊』『かさぶた式部考』などを上演し注目された。ここに記した自由劇場は、程島武夫が主宰した劇団。文学座で別役実作品を連続的に演出した藤原新平は、この劇団のスタッフだった。一九六〇年結成。半ば私事に属することを書くと、一九六一年、福田善之・菅孝行作、程島武夫演出の『ブルースをうたえ』（『現代日本戯曲大系5』三一書房、一九七一年所収）は、それまで試演会を重ねてきたこの劇団の第一回公演だった。

が後に、学生と親の期待を裏切った大学に対する闘争に、中堅大学の学生大衆を、時には親子ぐるみで駆り立てる力の源泉になる。日大全共闘は、この時代に初めて起こり得た新しい非エリートの学生運動の典型であった[*7]。

だから私は、六〇年代演劇は――同時代のカウンター・カルチャー的アートや音楽はみなそうだし、それに引き続いて昂揚した全共闘運動もそういえるが――高度経済成長の「鬼っ子」だと書いたことがあった。それらの担い手たちは戦後史の欺瞞に対して強い敵意を抱いていた。だが、時代への敵意や鬱屈と、新しい貧しさの中のささやかなゆとりこそが、若い新しい身体表現の出現の契機であることは紛れもない事実なのである。

鈴木忠志は、一九六六年、早稲田小劇場結成の年にこう書いた。

> 僕のみならず周囲で共に活動していた人達も、言葉を発すればシラジラと虚しく、行動すればみじめに滑稽であるこの世の中で、可能性などというものがどんなに裏切られ、飼い馴らされ、屈辱に満ち満ちていたかを、哀しい心ではっきりと見つめていたように思うのだ。(…)このつらい気持をそれぞれの独自性の中で足場とし、演劇に従事するエネルギー源としてきたように思われる[*8]。

それ以前の世代は、このみじめさや屈辱への怒りを芸術表現にではなく、政治に振り向けるか、表出することを断念して、秩序に順応するしかなかった。新たな世代は、芸術表現に憤懣や鬱屈の対象化の新たな回路を見出すことができたのである。それは社会に対する承認欲求などというものではない。承認されえないものに形を与えたいという欲求であった。

＊7　一九六八年四月一四日、日本大学の二〇億円に上る使途不明金が発覚した。この資金は、ヤミ給与、学部から本部（古田会頭一派）への賄賂、学生運動弾圧のための体育会・応援団への支援金、教員のスト破り費用、政財界への政治献金に使われていることも露顕した。これに対する学生の反発が高まったが、これを体育会系学生と当局が弾圧、五月二三日に経済学部の学生がデモを行った。大学当局がこのデモを指揮した秋田明大を処分、抗議運動は全学部に一挙に拡大した。その後も、警察・大学当局・体育会・応援団による弾圧・暴力が続き、闘争の重要なテーマの一つが学費の政治献金であったことも手伝って、家族も学生の闘争を支援する機運が高まった。九月三〇日の大衆団交で古田重二良会頭は学生の要求を一旦認めたが、佐藤栄作首相が介入して、撤回を迫り、これに力を得た大学も約束をすべて反故にしてより強硬な弾圧に転じた。日大全共闘の闘争は、エリート養成大学ではない大学での、初めての大闘争だった（早稲田大学、明治大学ではそのすこし前の時期に大闘争があった）。

＊8　鈴木忠志「ある記憶について」一九六六年、『内角の和I』而立書房、一九七三年、六－七頁。初出は早大劇団自由舞台パンフレット。

六〇年代初期の学生演劇

一九六〇年、鈴木忠志は別役実、小野碩らとともに早稲田大学の学生劇団自由舞台に在籍していた。六〇年から六一年にかけて、鈴木はアーサー・ミラーの『セールスマンの死』、チェーホフ『三人姉妹』、サルトル『蠅』などを演出した。鈴木忠志の演劇はここから出発した。

同時期の早大演劇研究会のリーダーは草間暉雄で、津野海太郎、藤本和子、村松克己など、のちの黒テントの担い手が所属していた。草間は堀田善衛原作の『広場の孤独』の脚色・演出、サルトル作・白井浩司訳『汚れた手』の演出を手がけ、卒業後結成した独立劇場では、革命的な権力の醜怪な変質を描くアレゴリカルな戯曲『惨虐立法』を書き演出した。

草間はその直後に急逝するが、早大劇研は、三井三池争議が労働者と支援の学生（全学連主流派）が分断されて敗北してゆく過程を描いた『誰が鈴をつけに行くのか』、侵略戦争を賛美した牧師の戦後の偽善を追及する『免罪符』など、大谷静男[*9]の作品を上演し、思想上の先端的なテーマにチャレンジした。

筆者が属していた東大演劇研究会には、二年下に黒テントの山元清多がいたほか、自由舞台で鈴木と対立して脱退した——鈴木は「除名」したという——メンバーが加わった。その中に、後に演劇企画集団66をつくった古林逸朗[*10]、六月劇場・黒テントなどの女優になった稲葉良子、のちに記録映画作家となる宮井陸郎などがいた。また学習院大学から、のちの黒テントの理論家佐伯隆幸などが参加した。上演したのは福田善之作『長い墓標の列』、映画『日本の夜と霧』の脚色戯曲、サルトル作・白井健三郎訳の『アルトナの監禁された人たち』などだった。

明治大学実験劇場には唐十郎がいて、劇団員が書いた『帰郷する友へ』という安保闘争の教訓を故郷に伝えるために奮闘する活動家を写実的に演じていた。この和風リアリズムの世界になじまなかった唐は、その後劇団青芸の研究生、シチュアシオンの会（第一次状況劇場、後にシアター夜行館をつくる笹原茂朱が主宰）でのサルトル作『恭しき娼婦』の上演を経て、唐十郎

＊9　大谷静男は早稲田大学演劇研究会の草間暉雄の次の期のリーダー。『誰が鈴をつけに行くのか』で三井三池闘争における労組と政党の闘争指導の批判、『免罪符』で聖職者らキリスト教関係者の戦争責任、戦後責任をテーマとする戯曲を書き上演した。後者は社会福祉法人のエリザベス・サンダース・ホームがモデルであったかと記憶する。戯曲は印刷物としては残っていないと思う。大谷は、露文で、アナーキズムに詳しく、ソ連の権力を蛇蝎のごとく嫌っていた。卒業後は演劇に関わらなかった。若くして逝ったと聞く。

＊10　古林逸朗は、異能の演出家。一九四〇年生まれ。一時劇団青芸に属し、青芸版の『象』（観世栄夫演出）の演出助手をつとめた。青年とケロイドの男を村松克己（のちの黒テント）と常田富士男（青芸解散後はテレビで活躍）が演じた。のち、常田富士男と組んで演劇企画集団66を結成し、別役実に『赤い鳥の居る風景』『堕天使』『スパイものがたり』『黄色いパラソルと黒いコーモリ傘』などを書かせ、初演した。一時の中断をはさんで今世紀近くまで活動した。別役実が文学座、かたつむりの会、手の会などに作品を提供するようになって、新作の上演が困難となったことが、活動の停滞の要因の一つと考えられる。

主宰の状況劇場結成へと一瀉千里に突き進んでゆく。

共有された思想圏

六〇年代演劇の始源には、ブレヒト、サルトル、ベケットが構成する思想圏が存在したと筆者は考えている。ブレヒトは一面では正統派マルキストの風貌をもっているが、ブレヒトが提唱した「異化」[*11]という方法は、モスクワ由来の官許の規範に対する異端すれすれの理論であった。それはアリストテレス美学の「カタルシス」の否定という回路を通じて、素朴な左翼自然主義的感情同化への明晰な反措定を提示した。『不条理の演劇』の著者M・エスリンは、ブレヒトを現存社会主義への批判者として描いている。[*12]

日本で最初にブレヒトに着目したのは新劇の「総帥」千田是也だった。[*13] 千田是也がブレヒトを指標として試みた批判は、戦後演劇主流のリアリズムに染み込んだ情緒と日常的現実への惑溺から演劇を解放することを意図したものだった。ブレヒト理論の影響は、佐藤信らの自由劇場、瓜生良介らの発見の会など六〇年代演劇潮流にも波及した。一見ブレヒトと遠い鈴木忠志が『主役主役《してして》道者』を上演した時（一九六八年）、「これが俺のブレヒトだよ」と言ったことを今もよく覚えている。

六〇年代初期の学生劇団で、後に六〇年代演劇の創成に関与した演劇人はこぞってサルトルを上演した。[*14] 動機の第一は、哲学的に官許のマルクス主義に依拠しない左翼であったことへの

＊11　「異化」（Verfremdung）とは、一見当たり前のものを当たり前でないものとして示すこと、それによって、示されたものに対して観客に違和を覚えさせることである。B・ブレヒトは自らの演劇観を「非アリストテレス的演劇」と呼んだ。アリストテレスの演劇美学は、観客を舞台に同化させ、カタルシスを起こさせることを求めるものだったが、ブレヒトは表現と観客の一体化（同化）を否定し、両者の間に距離を生み出し、観客の批評意識を喚起することを演劇表現は目ざすべきだとした。ブレヒトの念頭には、スタニスラフスキーの方法は、アリストテレス的な「同化」の美学に依拠しているという認識があったと推測される。

主要な文献は、B・ブレヒト『今日の世界は演劇によって再現できるか』（千田是也訳、白水社、一九六二年）に収録されている。同書は一九九六年に新装版が刊行されている。

＊12　マーティン・エスリン『ブレヒト——政治的詩人の背理』山田肇・木絵禎夫・山内登美雄訳、白凰社、一九六三年。エスリンは、ブレヒトを共産主義（権力）に対して実は常に批判的だった芸術家として描いている。

＊13　千田是也（1904-1994）とブレヒトの最初の出会いは、一九二〇年代末、千田のドイツ在留の時代である。ドイツで労働者演劇の劇団に所属した千田は、当初、ブレヒトを実践的でないインテリと見て、共感を覚えなかったという（千田是也『もう一つの新劇史』筑摩書房、一九七五年、二一二頁）。敗戦直後は、スタニスラフスキーの影響のもとに『近代俳優術』を書き、俳優を指導した。ブレヒトの理論や作品に強い関心を抱いて、翻訳や上演に力を注ぐようになるのは一九五〇年代からである。千田は表現主義に惹かれたごく初期を除けば、広義のリアリズムの圏域に属する演出家だったが、日常生活の模写や政治的イデオロギーの表出に切り縮められることに常に反発していた。前出、拙著『戦う演劇人』七七-八二頁参照。

共感、とりわけ、ドゴール主導のアルジェリア統治の収拾に対する反対闘争で、共産党の方針に逆らってアルジェリアの民族解放軍（ＡＬＮ）と共闘する民族解放戦線（ＦＬＮ）に与したことへの政治的共感、さらには、サルトルの戯曲の世界が――ギリシャ悲劇に材を得た『蠅』などを除くと、様式的には広義のリアリズム演劇の範疇に属する作劇法だが――日常のミメーシスに辟易していた若者に魅力的だったことが挙げられよう。

ベケット[*15]の世界観には懐疑と絶望の色が深く、革新的政治思想には馴染まなかった。しかし、ハイデガーのようにナチスに協力もしなかったし、イヨネスコのように反共宣伝にも与しなかった。ベケットは神も合理主義も信じられない者たちの感性に最も親和的だった。ニーチェ現代化の先駆だったといえるかもしれない。

共軛性と固有性

鈴木忠志もこの思想圏の内にあった。ただ同時に鈴木には、若くしてチェーホフのシニシズムへの共感があったように思う。それは中村雄二郎の後年のチェーホフ観[*16]と響き合っている。また鈴木は、小林秀雄・福田恆存・三島由紀夫を愛読していた。この〈教養〉の幅は、私を含む同時代の大多数の「演劇青年」たちの〈教養〉の幅と、一見、極端にかけ離れていた。しかし、それは一面に過ぎない。六〇年代演劇の共軛性について鈴木は次のように述べている。

（…）あえて言えば、現在の若い演劇人のさまざまな活動のなかには、大きな時代的意味がはっきりと刻印されているのだといってよい。（…）〝初心〟という言葉ほど、演劇の現

＊14　鈴木忠志は『蝿』（早稲田大学劇団自由舞台）、唐十郎は『恭しき娼婦』（シチュアシオンの会、後の状況劇場）、山元清多・佐伯隆幸は『アルトナに監禁された人たち』（白井健三郎訳、東大劇研）、太田省吾は『歯車』（学習院大学戯曲研究会）を演出している。それはサルトルが、マルクス主義者ではない左派の政治思想で現実世界にコミットし、アルジェリア解放闘争に参加する姿勢を示したことが、二〇代前半の日本の演劇青年の共感を呼んだことが重要な一因となったからである。拙著『戦後演劇』（社会評論社、二〇〇三年）および『戦う演劇人』第3部参照。ちなみに太田は後年、平田オリザとの対談の中で、サルトルごときに心酔した過去を自嘲している（平田オリザ『演劇のことば』岩波現代文庫、二〇一四年参照、傍点筆者）。

＊15　サミュエル・ベケット（1906－1989）アイルランド生まれの劇作家。代表作『ゴドーを待ちながら』はフランス語で書かれている。合理的秩序は不在だという世界観に基づき、これと見合った文体で作品を作った。日本に紹介されたベケットは、別役実、鈴木忠志、唐十郎らに影響を与え、やがて脱新劇を目ざす演劇の指針のひとつとなった。
『ゴドーを待ちながら』には新劇も注目した。文学座が安堂信也の演出で一九六〇年に初演した。文学座という劇団が、戦後左翼の「リアリズム」と縁が遠く、安堂の知的世界を受け入れやすかったことに起因するだろう。ウラジミールを宮口精二が演じた。そののち一九六五年には民芸もフランス留学から帰国した新人渡辺浩子の演出で上演した。ウラジミールが宇野重吉、エストラゴンが青芸から戻った米倉斉加年、ラッキーが大滝秀治、ポッツォが下条正巳だった。

＊16　中村雄二郎『チェーホフの世界——私の方法序説』白水社、一九七九年。

場に還元して考えてみると、現在の演劇状況のもつ問題点を適切に射抜いているものはないのである。唐十郎は、〝肉体〟という言葉を作業仮説的概念として設定し、新劇が喪失してしまった劇的精神をテントのうちに出現させることに賭けたのだし、佐藤信は〝運動〟という言葉のもたらすアンビバレントな内的緊張をバネとして、新劇が固定してしまった創造システムのヒエラルキーと作品提出の態度を、根源から問いなおすことを課題としたに相違ない。これらは虚飾に彩られた舞台を去って、演劇そのものとじかに向い合おうとする〝初心〟に支えられた行為だというほかないのである。[*17]

ひるがえって私自身のことをいえば、自分が驚きとして発見できる虚ろではない何かを他者の行為の中に見出したいという想いが、私を演出家としての活動に駆りたてているのにすぎない。それは他者が考えられるとすれば、本質的に他である限りにおいて、異なる存在なのだということを、出会いとして確認するような行為なのだ。私が否応なく、個的な生活史と、その表情を肉体のうちにはっきりと備えている役者にこだわるのは、そのためである。（…）物理的な光は、それを輝かせることのできる物体に出会わない限り、光として現象することはない。人間もまた同様に、ある特殊な関係のなかにはいることによって、自分からして自らの本質に出会っていくのではないか。それが舞台という賽の河原ではないかと思われたのだ。[*18]

そして、「あらゆることが人間的規模を超えては起こり得ない」「いつも惨めな貧しい感じをつきつけられることによってしか、なにごともなし得ない」という認識に「演劇行為」の原点を見出す。「私にとっての〝初心〟とは、おそらく人間に対する惨めさの感覚を持続させる質の問題をさしている」といい、「他人のうちに拡散していく自身と、自らにのみかかわる悲惨を、同時的に背負う傷だらけの内面をもってしか、演劇などできない」[*19]ということを、唐十郎の活動を通じて教えられたと書く。

新しい演劇の指標

六〇年代演劇は、全体として、何が新劇と違っていたのか。第一に、新劇の俳優の身体は、戯曲という書かれた言葉に従属し、戯曲の言葉を舞台にひき移してきたが、本来身体表象は、からだが舞台で「書く」[*20]ことで成立するもので、書かれた台本のことばに従属しないし、劇作

*17　鈴木忠志「小劇場運動と初心」、前出『内角の和Ⅰ』一〇八頁。初出は『映画芸術』一九七〇年九月号、原題は「人間関係のおそろしさ」。
*18　同前、一〇九－一一〇頁。
*19　同前、一一一頁。
*20　「体で書く」は、『劇的なるものをめぐってⅡ』（『現代日本戯曲大系8』三一書房、一九七二年）七五頁の「作者付記」で、鈴木が書いていることを踏まえている。

家の想像力の代理表象でもない。六〇年代演劇はこの直観を共有した。

また、新劇のことばは、この世界に内属する人間を合理のものと考え、西欧近代が体現した世界観と価値規範の秩序――マルクス「主義」もまたその発展として成立する――を人類の普遍性として承認していたが、六〇年代演劇は合理と進歩の規範を懐疑する思想圏にあり、それが合理性への信仰に依拠したリアリズムという様式との訣別を導き出した。

手前味噌だが、これに関連する一九六一年のエピソードを紹介する。自分がそんなうまいことを言ったのか一抹の不安があるのだが、唐十郎の証言を信じさせてもらうことにする。若き日の唐十郎は扇田昭彦のインタビューに答えて、こういった。

するとと菅孝行はこう言ったわけ。（…）「芝居はね、雲の上の出来事のようなものだよ。地上で演じながらも、デモが通る。その前で芝居をやる。その芝居がたとえば雲の上に行って、それを見たヤツも夢の中で見、それから見ないヤツも、評判を聞きながらも、それもすべて民衆におしのけられるようにして忘れ去られ、雲の上のほうに飛んでいってしまう。そしてそれがどう有効であるか、無効であるかということは、見た者が雲の上からひきずりおろすか、おろさないかで決定するものだ」ということを言われたわけ。[*21]

「雲の上」、つまりは現実原則の外部の構築物である演劇を、日常の時空と対応させ類比させなければならない理由はない、俳優の所作と台詞は、虚構なのだから、日常の模写でなければならない理由はない、ということになろう。

写実との訣別は古典的な〈三単一の法則〉からの自由をもたらした。それは劇場観をも変えた。劇場は虚構の表現（者）と観客の遭遇の場であって、現実の模写を「第四の壁」[*22]を介して観客が覗き込む装置ではない。「第四の壁」からの自立は劇場構造の自明性を破壊した。テント、駐車場、喫茶店（の二階）、風呂屋跡、何もない地下空間、倉庫、街頭など、近代劇場以外の空間が上演空間とされたのは、想像力の歴史の必然だった。[*23]

また、六〇年代演劇は、新劇の集団論・組織論を疑った。新劇の劇団は、近代民主主義的な

＊21　扇田昭彦編著『劇的ルネッサンス——現代演劇は語る』リブロポート、一九八三年、二一九頁。
＊22　「第四の壁」とは、舞台装置で囲われることのない、客席に面した長方形の「額縁」のことをいう。
＊23　状況劇場はテントを立てたが、立てた場所は寺の境内、公有地、私有地、風呂屋跡など様々だった。新宿のピットインというジャズ喫茶を上演空間にしたこともあった。早稲田小劇場は喫茶店モンシェリの二階を拠点とした。自由劇場が拠点とした麻布のビルの地下空間は、新劇の時代には到底劇場とは考えられもしないフラットな空間だった。発見の会が使った千日谷会堂は葬儀場だった。駐車場で上演したこともあった。黒テントは全国各地の公有地を移動した。天井桟敷は渋谷の地下劇場を拠点としていたが街頭劇を試みた。劇団変身の『営倉』はコンクリートの空間で演じられたと記憶する。第七病棟は倉庫を使うことが多かった。重要なのは、新劇の舞台空間の通念を破ることだった。

運営原則か、官許の共産主義運動を模した「民主集中制」で運営されていた。転倒の仕方は正反対の方向に分岐した。多くの集団は、全共闘運動の影響の下で、権威を拒み、平等な個の自立の徹底を志向し、極めて拡散的な組織形態を生み出した。しかしそれらの多くは持続しなかった。他方は舞台表現の構築に必要な、組織的集中を目指した。状況劇場、早稲田小劇場が典型である。黒テントは、創造方法は新劇由来の経験則に近い現場を維持しつつ、集団運営はロシア革命初期にも似た「評議会」運動を実践した。

3　早稲田小劇場の誕生――鈴木忠志・別役実・小野碩

新劇団自由舞台というはじまり

早稲田小劇場に特徴的なのは、演劇のことばは俳優の身体が舞台に「書く」ものだということを最もラディカルに実践したことだった。その実践は、六〇年代演劇の最も先駆的な作家であった別役実の作品の上演から始まった。しかし、それは作家の書いた戯曲の文脈とは別個の、俳優の身体の台詞と所作が作りだす文脈を舞台の上に構築する道を見出したがために、別役実との訣別にまで行き着いた。作家別役実と演出家鈴木忠志の出会いから訣れに至る八年間は、まさに疾風怒濤というに値する。

一九六一年、鈴木忠志は別役実、小野碩、竹内広子、高橋辰夫、池田幸鴻、箕島紀男、富永由美、青山勝彦など、当時の学生劇団自由舞台のメンバー中心に「新劇団自由舞台」を結成した。この時、鈴木・別役・小野のトライアングルが成立する。厳密にいうと鈴木・小野の出会いは一九六〇年秋、学生劇団自由舞台の『セールスマンの死』で、鈴木が演出し小野がウィリー・ローマンを演じた時に始まる。また、作家別役と演出家鈴木の出会いは、一九六一年、別役が書いた『AとBと一人の女』を鈴木が学生劇団自由舞台で演出した時に始まる。『AとB』の初演に小野は出演せず、小野の出演は、『象』上演からあとの舞台である。一九六二年には別役実作『象』が上演され、鈴木が演出し、小野碩が「病人」を演じた。

別役実が執着していたのは、戦後の日本人の深層に浸透している殺戮の欲望と自己処罰の欲求の双方に結びつく両義的で凶暴な嗜虐への執念とでもいうべきものの始末であった。『象』の「病人」はケロイドを見せびらかす被虐のナルシシズムを諦められなかったために、もういちど〈あの街〉に出かけようとし、同室の被爆者の「青年」に絞殺される。

つかこうへいは「病人」に「前向きのマゾヒズム」を見た。[*24]『AとBと一人の女』では、罰してくれ、ぶちのめしてくれと言い募る、ことばの上ではマゾヒストの〈できない〉男が、その男を差別し蹂躙する傲慢の極致のような〈できる〉男を刺し殺す。

---

*24 『つかこうへいによるつかこうへい』白水社、一九八二年、六二頁。

別役実の見た〈鈴木・小野・別役〉

後年、別役実は、鈴木と別れ、小野碩が亡くなった後、次のように回想している。

（…）『象』という作品を書くに当って最も強く私の念頭にあったものは、《小野・ウィリー・ローマン》《鈴木・演出》という関係の中で、出来上りつつあった、或る濃密なもの、に他ならなかった。『象』における、《小野・病人》《鈴木・演出》という関係は、それを私なりに、写しとったものと言ってもいいかもしれない。つまりその意味で『象』の上演は、私にとってみれば、『セールスマンの死』の再演でもあったのだ。（…）

鈴木忠志の才能の大きさは、その「憎悪」の大きさと等量である。小野碩の才能の深さは、その「寂寥感」の涯しなさと等量である。（…）この二人が、その作業において、最も理想的に関係した時、小野碩の、ともすれば形而上的に拡散しがちなその「寂寥感」を、鈴木忠志が強引に、形而下的なものにつなぎとめようとすることで、空間は異様に緊張した。[*25]

この回想には、三者の間の熾烈な緊張の下での創造的関係を彷彿させるものがある。『象』を読んだつかこうへいはこう書いた。

（…）これでもうベケットもイヨネスコもないなと思った。別役実の持っている言葉に対する明確な方法論に脱帽し、この人に勝ちたいと思った。[*26]

これは『象』というテクストに対する正確かつ最大の賛辞だが、それと等しく重要なのはテクストを生み出した三人の苛酷な関係である。この強度が新劇団自由舞台から別役退団と小野の死で終わる初期早稲田小劇場の集団性の核心であったに違いない。

新劇団自由舞台の上演活動は一九六四年春で終わり、二年の空白の後、一九六六年三月に早稲田小劇場が結成される。鈴木・別役・小野のほか、斉藤郁子、竹内広子、高橋辰夫、蔦森皓祐、土井通肇、青山勝彦、高沢立生、山口和紀、石川倫生、深尾誼、関口瑛、鈴木両全、松村輝男、岡田素之、金田敦子、三浦清枝、工藤和子などが結成に参加した。少し遅れて、宗形智子、高橋美智子、白石加代子、千賀ゆう子、大塚省三、土佐林真木などが加わる。[*27]

早稲田小劇場で、鈴木忠志は、『象』『AとBと一人の女』の再演のほか、別役実の『門』『マッチ売りの少女』『マクシミリアン博士の微笑』を演出する。『象』が〈三人の時代〉の起点

---

*25 別役実「小野碩を悼んで」、前出『劇的なるものをめぐって』六四－六六頁。
*26 前出『つかこうへいによるつかこうへい』一六五頁。
*27 「世界演劇史年表」、前出『劇的なるものをめぐって』二七〇－二八八頁。本文で挙げたのは一九六七年までの入団者。年表によると、六九年に倉沢周平など、七一年に豊川潤、小田豊、新健二郎、富永由美など、七二年に菅間勇など、七六年に笛田宇一郎、杉浦千鶴子などが入団している。

『マッチ売りの少女』

であるとすれば、『マッチ売りの少女』はその頂点だった。そこに描かれた怨嗟の根源は戦時の例外状態の下で、親に捨てられて売春と死を余儀なくされた子どもたちのものだ。『象』『AとB』と違って、「女」と「弟」の強烈な殺意と紙一重の「前向きのマゾヒズム」が「男」と「その妻」まで届かず、つまり、舞台の上での殺人に至らずに、見かけ上、美しい抒情とともに終わることだ。歴史の傷が燃え上がらせる怨嗟が、時の経過に抗しえずに衰微したことの示唆だったのだろうか。

別役実との急激な訣別——新しい集団性

この後、『どん底における民俗学的分析』を契機に、突如、鈴木と別役の訣別が訪れる。クレジットには「台詞——別役実・関口瑛、演出——鈴木忠志」とある。鈴木忠志は「別役が最初に書いて、何人かで手を入れて、俺が最後に変えた」と語る。[*28]
また鈴木は「別役にずっと座付作家として頼っていいのかどうかということがあった」と言い、別役も「それは俺にもあった」と応じている。変わるにはどうするのか。鈴木は、

集団の在り方を変えなきゃいけない。そこから見えてくる方法をつかまなくてはならない。（…）そうするとそこに「病院」というイメージが出てきたんだ。[*29]

という。これは、俳優が自身の身体で舞台にあらわすことばは俳優の身体の文脈で構成されるもので、一つの戯曲の台詞の文脈には収まり切らない、という発見であった。また、俳優の身体の文脈を構成するのが演出家の仕事だという覚醒でもあった。劇団に必要なのは、俳優の身体に内属して現れを待っていることばと、それらを関係づけ一つの世界に造形する演出家だということを意味した。それは劇団に座付作家は存在しえないということである。

また、注目すべきは「世界は病院」のヴィジョンの原型がすでにここにあることだ。しかも

＊28　前出、鈴木忠志＋別役実「早稲田小劇場の誕生をめぐって」五七頁。
＊29　同前。

『劇的なるものをめぐってⅡ』

それが、世界観であると同時に「集団の在り方」のイメージでもあることは重大である。この発見は一九六九年、「病院」というふうに言語化されたのが一九七七年、しかも、『津軽海峡冬景色』（二〇一八年）に対するSCOTの山村武善の批評を読めば、現在のSCOTまで引き継がれていることがわかる。

どうやらここは、眠れぬ夜に千恵子が唄を歌うことによって開帳している幻の一座であり、そこへ「おかしな人」たちが集まってくる。（…）

しかも千恵子、塩原、理沙、はるかと呼ばれた登場人物の名は、観客の誰もが知るSCOTの役者の本名〔内藤千恵子・塩原充知・鬼頭理沙〕と重なっている。つまり、日常的に形成される集団の共同性（前演技状態）が「舞台」の虚構の共同性の前提となり、その強度を保証する、という鈴木一座がもっている強固な二重性が暗示されている。[*30]

『どん底における民俗学的分析』の稽古で起きたできごとはSCOTの今に繋がっている。

俳優中心の集団だから、別役を絶対化することはできない。それまでは、そういう場がなくて、それぞれが生活していて別役の言葉＝世界によって場をつくった。逆に考えれば、やっぱりそこは新劇だったんだ。場のリアリティー、関係のリアリティーというものがワーッと押し寄せてきて、俺がその中心にいるようになっちゃった。[*31]

こうして早稲田小劇場は変わった。その過程で一九六九年、『劇的なるものをめぐってⅠ』が生まれる。「ミーコの演劇教室」という副題がついていて、女優高橋美智子が見出す身体のことばの文脈で舞台は成立していた。三浦清枝のお梶と小野碩の藤十郎が演じた『藤十郎の恋』の一場面の異様な緊張がまだ筆者の記憶を去らない。

＊30　山村武善「狂気とユーモア、その不可解な共存の美学」『利賀から世界へ』一〇号、一七四頁。
＊31　前出、「インタビューによる鈴木忠志独演30600秒」八一頁。

〔小野碩に〕一方では藤十郎のセリフを言わせ、一方では痴漢みたいに女をさわっている。言語と行為が分離して、しかもそこにおける抵抗のすべてを一緒くたにする。これをやっていて『劇的……』がつくれたわけだ。[*32]

この年、別役実は早稲田小劇場を去った。後に別役実は次のように回想している。

私は、作業をする関係が「友情」に裏打ちされて成立する、などということは信じない。それよりはむしろ、それに耐え切れるなら、「憎悪」に裏打ちされていた方がいい。どちらかと言えば、我々三人〔別役・鈴木・小野〕の関係は、それだった。その意味で、極めて清潔だったと言えるだろう。もっとも私は、それに耐え切れなくなって逃げ出したのだが、しかし少くとも、以後、あれほど手触りの確かな関係を、確かめたことはない。[*33]

ここから、別役実のいない早稲田小劇場の時代がはじまる。

＊32　前出、鈴木忠志＋別役実「早稲田小劇場の誕生をめぐって」五八頁。
＊33　前出、別役実「小野碩を悼んで」六五－六六頁。

第III章

〈からだのことば〉が生きる場所へ

（1969-1973）

扉写真：
『劇的なるものをめぐってⅡ』
白石加代子
早稲田小劇場／1970年

1 『劇的なるものをめぐってⅡ』と鈴木忠志

過激な再審への〈時の利〉

『劇的なるものをめぐってⅠ』が上演されたのは一九六九年四月であった。動乱の渦中である。この動乱は日本の近代と戦後の政治・社会・思想の自明性の転覆を求める闘争だった。動乱はアメリカ、ドイツ、フランス、チェコ、中国などで多発した、既存の秩序を根源から懐疑し、再審を迫る性格のものだった。[*1] いずれもエスタブリッシュメントに対する世界規模での暴力的

＊1 アメリカでは、六〇年代中ごろから、キング牧師（一九六八年暗殺）らが主導する黒人の公民権運動が昂揚し、そこに北爆で激化したヴェトナム戦争への反対運動が重なり、ストークリー・カーマイケルらをリーダーとする学生運動団体SNCC（学生非暴力調整委員会）や、マルコムX（一九六五年暗殺）の思想的・政治的影響下にある黒人解放運動団体ブラック・パンサーなどが、

運動の行動形態をより激しいものに変えていった。政治運動の昂揚と並行して、反戦フォークが大流行し、ジャズやロックが精神的な闘争のエートスを作り上げた。

フランスではパリの学生を中心とした「五月革命」が大学闘争の枠を超えて燃え広がり、全国的な反ドゴール闘争・ヴェトナム反戦闘争が沸き起こった。リーダーとしてはダニエル・コーン＝ベンディットが著名である。オデオン座の芸術監督だったジャン＝ルイ・バローが学生による劇場占拠を認め共闘したため、ルノー＝バロー劇団はドゴールによってオデオン座を追われた。

西ドイツではルディ・ドゥチュケ（一九六八年暗殺未遂、重症）らの率いる学生組織ＳＤＳ（ドイツ社会主義学生同盟）が社会叛乱を牽引した。発端はデモに対する警察の発砲で学生が殺されたことだったが、学生運動としての闘争の主眼は、フランス、日本などの学生運動同様、教育研究体制の権威主義的管理抑圧への否定にあった。ＳＤＳが牽引した反政府・反戦の闘争は他の階層を巻き込んで全社会化した。権力に弾圧され広範に燃え広がった大衆運動は制圧された。左派は一層尖鋭化し、バーダー・マインホフ・グルッペ（のちのドイツ赤軍）の結成に至った。

チェコ・スロヴァキアでは一九六八年に「プラハの春」と呼ばれる反ソ・民主化の闘争が激化し、ソ連派のノボトニー第一書記を退陣に追い込むに至った。共産党のドプチェク第一書記が先頭に立つ全国民的な対ソ抵抗運動だったが、ワルシャワ条約機構によって軍事的に制圧され多くの市民が殺された。多くの知識人が署名した二千語宣言が象徴的である。

中国の文化大革命は、毛沢東の指令による紅衛兵運動を機軸とするものだったが、中国の社会と政治を掌握してきた「実権派」「走資派」を掃討することをめざす「革命無罪」「造反有理」というスローガンは大衆の熱烈な支持を得た。「文革」は実態から乖離して絶大な思想的影響を世界に及ぼした。特にフランスでは多くの知識人がマオイストになった。ヌーヴォー・ロマンの小説を書いていたフィリップ・ソレルスまでが一時毛沢東に心酔した。しかし、「文革」鎮静後に明らかになったのは、一〇〇〇万人にも及ぶ「文革」の犠牲者が存在したことであった。

再審の時代だったといえる。ゲバラの死は象徴的事件だった。[*2]ゲバラがボリビアでのゲリラ戦で負傷、捕虜となったのは一九六七年一〇月八日だった（九日に銃殺された）。同日、日本では佐藤首相のヴェトナム訪問阻止を掲げるデモで山崎博昭が機動隊の装甲車に轢かれて死んだ。[*3]

こうした闘争は政治の次元の革命や叛乱というよりは、言葉にできず、形にならない、生活世界全体の暗黙の規範の抑圧から人間を解き放つ欲望に根ざしていた。この激動は、パラダイム転換のための〈時の利〉として作用した。六〇年代演劇も鈴木忠志もまたこの文脈の中にいた。しかし、前章までに触れたように、鈴木には際立った固有性があった。

鈴木忠志にとっての〝演出の衝動〟

鈴木は戯曲に感動したという動機で舞台化する演出家を批判している。それは「水増しされた〈文学〉」を舞台上に再現するだけであり、「教養や趣味で粉飾された戯曲作品の視聴覚的翻訳[*4]」に過ぎないという。俳優の身体を造形する演出家は、もっとそのことに自覚的かつ戦略的でなければならない、ということだろう。

この文章が書かれたのは一九八一年だが、六〇年代末、『劇的なるものをめぐって』の方法を模索していた時には、すでに核心を摑んでいたに違いない。なぜならすでに、『劇的なるものをめぐってⅠ』を通じて、舞台上では作家のことばの文脈ではなく、俳優の所作と台詞が文脈をつくるのだという発見がなされ、座付き作家のいない集団の存立を可能にしたのだからである。
鈴木の視座からは、舞台の主体は俳優であり、台本のことばは演じる俳優の身体表現の欲求の対象である。演出家は、台本の言葉と俳優、俳優と俳優の間の所作・台詞を媒介し、一つの時空に舞台を構築する。鈴木は手にした戯曲を次のような眼差しで読み解くという。

私は一篇の戯曲作品を読み終えたとき、まずこう考える。こういう内容をもった作品・言葉の群れたちは誰が必要としたのであろうかと。実際的に考えれば、それは当然のこと

＊2　ゲバラはカストロの片腕としてキューバ革命を成功させた。カストロらの一国の革命政権を保守する路線と訣別し、中南米の連続革命を目ざして出国したが、ボリビアに潜入してゲリラ戦を展開する途上、一九六八年一〇月八日、政府軍との銃撃戦で捕らえられ、翌日銃殺された。ゲバラの「第二、第三……数多くのヴェトナムを作れ」という呼びかけは、世界の左派勢力を鼓舞した。

＊3　山崎博昭は当時京都大学一年生、革共同中核派に属していた。「三派全学連」のデモで、羽田空港近くの弁天橋で機動隊と衝突した際、装甲車に轢かれて死亡した。この闘争とその後の経過について、五十年余を経て、大手前高校の先輩に当たる元東大全共闘議長山本義隆（科学史家）らによって山崎博昭と山崎が生きた時代を検証する「山崎博昭プロジェクト」が立ち上げられた。代島治彦監督のドキュメント映画『きみが死んだあとで』（二〇二一年）が作られた。

＊4　鈴木忠志「演出の衝動について」、前出『内角の和Ⅱ』一六頁。初出は「ART VIVANT」二号、一九八一年三月、西武美術館。

ながら作家ということになるだろう。（…）次には愛読者ということになろうが、私はこの愛読者のことを想像するのである。どんな読者がこの作家なり作品を必要としてきたのか、あるいはこの作品に感情移入しているのかを夢想しはじめるのである。それは当然、私の想像の中で形づくられる夢の愛読者とでもいうべき人物であるが、それを舞台構成上の中心に据えるのである。[*5]

鈴木にとっての戯曲と俳優

戯曲の中の言葉を必要としていない俳優には演じさせようがない。演出家の目から見た「夢の愛読者」が、配役される俳優ということになる。俳優と「役」の関係について鈴木は具体的事例をあげて、こう書く。

泉鏡花に『湯島の境内』という戯曲がある。私の舞台では、この愛読者はうす暗い部屋に閉じ込められた老女である。恋人に裏切られたために狂人となり、鎖につながれている。この老女の頭の中には、かつて読んだり舞台で観たことのある『湯島の境内』の女主人公、愛する男に捨てられる若い芸者〈お蔦〉の姿が取り憑いている。そして夜な夜な彼女の口からは、男に恨みごとを言うお蔦の言葉が漏れるのである。彼女は頭の中で、お蔦と同じ人生を生きている。一人の人間の視覚的な存在と内面の極限までの乖離、これがこの戯曲を演出するときの最初の人物イメージである。オスカー・ワイルドのサロメになると、不眠症かつ不感症の少女、夜な夜な椅子に座って歯を磨き、なめるようにタバコを吸い、甘納豆を食べながらヨハネのような宗教家に想いをよせる少女が愛読者ということになる。[*6]

「表面上でそれらしく見える」俳優つまり柄が合う俳優を「選んでもしかたがない」。「私〔鈴木〕の舞台では、役を演じるわけでは」なく、戯曲中の人物が「喋ったとされる言葉を必要としている人間の方を演じることになる」からだ。『湯島の境内』でも『サロメ』でも、こういう構想の下に配役がなされ、その俳優が「喋ったとされる言葉を必要としている人間」を演じるのだ。二枚目に設定されている役に二枚目の俳優を、悪役には「悪役顔」の俳優を、悲恋のヒロインには「美女」を、などというキャスティングはありえない。観客は、鈴木が演出した舞台から俳優たちが演じることばや身振りを必要としている存在が開示されるのを見、その存在が抱える恨みや悶えや諦めや未練や憤懣や嫉妬や索漠感を受けとめる。ストーリーやプロットなら舞台を観ないでも戯曲を読めばわかるのだ。

＊5　同前、一七頁。
＊6　同前、一八頁。

『劇的なるものをめぐってⅡ』——テクストの構成

ここで劇的シリーズの核心をなす『劇的なるものをめぐってⅡ』の舞台の構成を辿ってみよう。役と演者との一対一の対応関係が絶対に成立しないことがよくわかる。

Ⅰ　プロローグは、チンドン屋の音楽と思しき「ラバウル小唄」とともに、ベケットの『ゴドーを待ちながら』で始まる。ウラジミール（蔦森皓祐）とエストラゴン（大塚省三）は一時行きはぐれていたが再会し、またゴドーを待っている。

Ⅱ　音楽がスチールギターの「むらさき小唄」に変わると「あいや、それへいて、あいましょう」と、鶴屋南北の『桜姫東文章』岩淵庵室の場の白石加代子扮する清玄が登場する。「清玄」は長屋に蟄居している「狂女」である。ウラジミールが桜姫になり、エストラゴンは写真を撮る。清玄が、自分の心中未遂の相手は稚児白菊で、お前はその生まれ変わりだから、一緒に死んでくれ、頼む、と出刃包丁を振り上げてウラジミール扮する桜姫を口説く。桜姫は逃げ惑う。清玄が六方を踏んで退場すると、また『ゴドーを待ちながら』に戻る。

Ⅲ　埒もないやりとりのなかでウラジミールが桜姫の台詞をいい、それに応じてエストラゴンが六方を踏むと、また「むらさき小唄」とともに「あいや、それへいて、あいましょう」と、白石加代子が登場する。今度は南北の『隅田川花御所染』妙亀庵の場の前半の

清玄尼（女清玄）である。そこに妹の桜姫（斉藤郁子）と侍女の綱女（深尾誼）が飛び出してくる。錯乱した女清玄は許婚松若丸を奪ったと恨みを桜姫にぶつけ、桜姫は逃げ惑う。

Ⅳ　綱女が錯乱する清玄尼を鎖で繋いで退場すると、「狂女」白石は、座敷牢に繋がれた『婦系図』（泉鏡花）のお蔦になり代わり『湯島の境内』の愁嘆場を一人で演じる。学校帰りの子供（高橋美智子）が食事を運んできて、女の世話を焼く。当時話題になった「タクアン齧り」はそこで行われる。子供は「狂女」の下の世話もするし、お蔦の恋人早瀬主税の役も務める。

Ⅴ　子供が退場すると「狂女」は、鏡花の小説『化銀杏』の主人公お貞になる。そこにお貞の夫西岡時彦（鈴木両全）が這い出してきて、俺を殺して夫殺しの汚名を背負えと迫る。あれこれあって、お貞は出刃包丁で時彦を刺そうとする。

Ⅵ　そこに都はるみの「さらばでござんす」が流れ、場面は『隅田川花御所染』妙亀庵の場の後半、清玄殺しに移る。桜姫と松若丸から頼まれてきた猿島惣太（小野碩）が清玄を殺し、清玄は「チェエ、口惜しい」と息絶え、スチールギターの「むらさき小唄」で幕となる。

以上は『現代日本戯曲大系8』掲載の台本に拠る。書籍『劇的なるものをめぐって』掲載の「決定版」にはエピローグがある。まず、岡潔のエッセー「日本人のこころ」を朗々と語る赤褌の男（土井通肇）が登場し、「真白き富士の嶺」を歌いながら去った後に、白石が『阿国御前化粧鏡』元興寺の場の阿国となる。登場人物の名は『隅田川花御所染』に置き換えられ、綿々と松若への未練が語られ、やがて「女のためいき」（吉川静夫作詞・猪俣公章作曲）を歌い、かつ語りながら退場する。

何が歴史的転換だったのか

上演の直後、扇田昭彦は次のように評した。

（…）七〇年五月、女優白石加代子主演の『劇的なるものをめぐってⅡ』が上演されたとき、それはすでに名作パロディー集というレベルをはるかに飛びこえて、大きな衝撃を私たちに与えたのである。

ベケット、鶴屋南北、泉鏡花といった作品の断片の中で白石加代子は次々に変身を重ねていく。古典的な意味での一貫した筋も台詞化されたテーマもそこにはない。ただひたすらあるのは、白石加代子という強烈な個性と情熱をもった女優の全存在だけだ。[*7]

＊7　扇田昭彦「脱『新劇』運動は何をなしとげたか」『開かれた劇場』晶文社、一九七六年、一三三頁。初出は『現代日本戯曲大系8』解説。

渡辺保は、鈴木が目指したのは「一つの完成し、一貫し、自己完結した『物語』」としての戯曲の世界の解体であったという。

それでは解体してどうするのか。もう一つの物語をつくる。その物語は俳優の身体によって繋がれ、身体の深層に及んで文化の集合的無意識を描き出す物語である。

こうしていま舞台にあるのは、俳優の身体とそのおかれている状況を指し示す断片的な言葉だけになる。それによって舞台が成り立つ。(…) 空間に生きる俳優の身体こそが戯曲から自立した新しい物語をつくる。[*8]

と渡辺は書く。それは戯曲の文脈から身体の文脈への転位がなされたということである。一人の俳優が、いくつかの人物を演じ分ける、ということはさほど珍しいことではなかったし今もない。しかし、『どん底における民俗学的分析』にはじまり、『劇的』シリーズ(『其の一 染替再顔見世《そめかえてごにちのおめみえ》』を含む)や『夏芝居ホワイト・コメディ』で試みられ、完成したのは、作家たちが書いた戯曲の人物を俳優が演じ分けるのではなく、複数の俳優が、作家たちが書いたのとは全く別の、自身の身体の文脈で戯曲の断片のいくつもの言葉を語り、所作し、相互の関係を作り出す、舞台上の構築物を生み出す方法であった。

「劇的なるもの」とは

ところで、「劇的」とは何を意味したのか。「文学的」の反措定であることは容易に理解できる。だが、思想家の柄谷行人は次のように書いている。

（…）私はあることに気づいた。鈴木がいう「劇的なるもの」は福田恆存の言葉から来ているのではないか、と。もちろん、彼は「劇的なるもの」を称揚しているのではなく、批判しているのである。たとえば、「劇的なるものをめぐって」では、白石加代子が難解な形而上学的な事柄を語りつつ、タクワンをかじる。そして、歌謡曲が流れる。ここでは、言葉と行動は完全に分裂している。この分裂が不可避的であるときに、どうして「人間この劇的なるもの」がありうるだろうか。[*9]

通念次元での「劇的」の意味は、背反する存在の葛藤による高度な緊張のことである。この

＊8　前出、渡辺保『演出家　鈴木忠志』三四頁。
＊9　柄谷行人「鈴木忠志と『劇的なるもの』」『演劇の思想――鈴木忠志論集成Ⅱ』SCOT、二〇一七年、一六五－一六六頁。『演出家の仕事――鈴木忠志読本』増補版、二〇〇六年一二月から転載。初出は新国立劇場パンフレット、二〇〇六年。

葛藤は戯曲の言葉が紡ぐ「物語」で構成された。それは、ひとりの人間の言葉と行動は分裂していないことを前提に組み立てられる。だから確かに、この分裂が不可避であるときに「人間この劇的なるもの」は成立しえない。

文脈が転換した後に「劇的」という概念を持ち出すのなら、その概念は捉え直されなくてはならない。「劇的」なるものが、言葉と行動が一体化している人間を前提として構築された戯曲の紡ぐ物語の葛藤を根拠とする限り、鈴木が生み出した演劇において、それはもはや存在しえない。だが、緊張が「ひとりの人間の言葉と行動」の分裂・葛藤から生み出されるものとすれば、そこに「劇的なるもの」を見出すことは不思議ではない。鈴木忠志演出の『劇的なるものをめぐって』シリーズの上演がもたらしたのは、既存の「劇的」概念の解体と、「劇的」なるものの意味の根本的な変容、新たな意味の産出であった。

2　女優白石加代子の誕生――小野碩との別れ

からだの戯曲を舞台で書く

それを可能にしたのは、いうまでもなく女優白石加代子である。女優白石加代子の誕生とは何を意味したのだろうか。

（…）白石のある状態にでてくる特殊な肉体の動きや、それと一致した物言いは（…）スタニスラフスキーのいう潜在意識の解放を得て、「われあり」という状態に至ったことを思わせる。それは、彼女の身体のうちにある、日常ついにみたされる場をもたなかった潜在的なエネルギーが、ある関係構造のなかにはいることによって、全身的な集中力として顕在化してくる状態といっても同じことである。そのとき演技は（…）白石加代子という匿名のひとりの女性が、無限に白石加代子という実在の人間に変貌しようとする、裏切られた生の燃焼だとみえる。[*10]

鈴木はこのころ、俳優の演技の根源的なモチーフとして、「生活史的根拠」をキーワードとしていた。白石加代子は、舞台上の所作と物言いが「生活史的根拠」からほとばしり出てくる直観を獲得したのである。「生活史的根拠」とは何か。それは、第Ⅱ章冒頭で引用した「田舎から出てきて下宿したり、恋愛したりして、妊娠したのおろしたの、ふられて自殺しようとしたり（…）それで、キラキラしたものを持っているんだけど、それが何となくぶきっちょで、何かこう、出せないというような」無名の若者の「裏切られてる気持ち」の蓄積を自分でももて

＊10　鈴木忠志「白石加代子」、前出『内角の和Ⅰ』一八二－一八三頁。初出は『朝日ジャーナル』一九七一年五月一四日号。原題は「現代俳優論」。

あましている、そういう、ことばにできない鬱屈した肉感の集積だろう。それが、舞台の上での語りや叫びや身振りとなってほとばしり出、形をなすのだ。舞台に先立って彼女のことばはない。舞台の上ではじめて生成するのだ。鈴木忠志はこう書いた。

かつて折口信夫は、六世尾上菊五郎を称して「体の戯曲を舞台で書いていった」と評したが、演出的観点に立てば、ここに集められ構成された言葉は、戯曲を演出するのではなく、肉体を演出する——極端にいえば、一人の人間を徹底的に演出するのだという態度によって支えられている。[*11]

白石加代子は、「からだの戯曲を舞台で書いた」のであり、鈴木忠志がそれを、あらゆる手を尽くして誘導し、「書かせ」たのだった。

批判と評価

一九七二年に『劇的なるものをめぐってⅡ』がテアトル・デ・ナシオンに招聘されたことから、この国のなかでも、はじめから絶賛されたと考える若い世代の読者もあるかもしれない。だが鈴木自身述べているように「素人であるとか、あれは演技などというものではなく、生理を放りだしたものにすぎない[*12]」といった新劇の側からの批判に晒された。また広義の「アングラ」の側からも、瓜生良介は、白石加代子が鈴木忠志によって「鋳がためられた演技を忠実にやっているだけ」[*13]と批判した。劇作家八木柊一郎は瓜生に適切な反批判を加えた。

（…）白石加代子が生きていたのは、鈴木の演出理念が白石の肉体のなかに貫徹していたという理由だけではなく白石以外の役者全員に貫徹していたからで、もし高橋美智子や高橋辰夫や深尾誼らがだめだったら、白石もまただめだったろうと想像できるのであり、いわば鈴木のなかには、個々の俳優の上に「その個人のみに所属する演技スタイル」をとり出すということのほかに俳優たち全体についてはたらく、ある演劇的感覚が存在しているはずだといえるのではないか。[*14]

八木の論旨は白石の演技は集団の所産であり、「鋳がため」られたものでも教育されたのでもなく、白石が集団の中で、もう一人の自分自身に学んで開いた境地ということにほかならな

＊11　『劇的なるものをめぐってII』、前出『現代日本戯曲大系8』七五頁。
＊12　前出、鈴木忠志「白石加代子」一八四頁。
＊13　瓜生良介『小劇場運動全史』二〇一頁。初出は『映画芸術』七〇年一〇月号。
＊14　八木柊一郎「『新劇』と演劇との関係」『演劇の思想――鈴木忠志論集成』静岡県舞台芸術センター、二〇〇三年、二六頁。初出は『映画芸術』七一年二月号。

『少女仮面』

い。別役実は、白石加代子について

> あまりナルシズムをつきつめると自己嫌悪に移り変る時があるんだな。(…)加代子の場合はきっと自己嫌悪の快感を知ったんだな。歌舞伎よりすごく見えるとすれば、それは自己嫌悪でやっているからだ。自己嫌悪はナルシズムなんてものじゃなくて、衝動的で持続的だ。[*15]

と評している。「ナルシズム」も「自己嫌悪」も、徹頭徹尾白石加代子個人に帰属する。別役は、白石加代子の、舞台に現れたそれらを凝視してこういった。しかし、同時にそれは集団の中の緊張関係に導かれなければ表出されないものでもあった。

「**世界演劇**」の境位へ

書籍版『劇的なるものをめぐって』所収の「世界演劇史年表」に拠ると、この時期の早稲田小劇場の軌跡は概略以下の通りである。

- 一九六九年四月二五日― 『劇的なるものをめぐってI――ミーコの演劇教室』上演。

八月 別役実退団。

一〇月一〇日― 唐十郎作『少女仮面』上演。

- 一九七〇年一月 鈴木忠志、トレバー・ナン（ロイヤル・シェイクスピア・カンパニー演出家）と『朝日新聞』紙上で対談。

五月一日― 『劇的なるものをめぐってII――白石加代子ショウ』上演。

八月 鈴木忠志『夏芝居ホワイト・コメディ』（演劇組織〈兆〉）[*16]を構成・演出。観世栄夫、渡辺美佐子、吉行和子、浜村純らと小野碩、白石加代子、蔦森皓祐、深尾誼ら共演。

＊15 前出、鈴木忠志＋別役実「早稲田小劇場の誕生をめぐって」六〇頁。

＊16 演劇組織〈兆〉は、一九七〇年、渡辺美佐子、吉行和子、観世栄夫、岡村春彦、林昭夫、望月通治、和田周など新劇で育ちながら新劇の現状に強い不満を抱き、帰属する集団を持たない俳優や演出家が、期間限定・上演企画数限定で集まった集団で、その第一回公演が『夏芝居ホワイト・コメディ』だった。この舞台には〈兆〉の俳優と早稲田小劇場の俳優が共演した。

『夏芝居ホワイト・コメディ』

一一月三日－　『劇的なるものをめぐってⅢ――顔見世最終版』上演。

・一九七一年四月　豊川潤、新健二郎、小田豊、富永由美ら入団。

五月　『劇的なるものをめぐってⅠ、Ⅱ』『マッチ売りの少女』大阪公演。

一一月二日－　『其の一・染替再顔見世』上演。

一二月　関口瑛、高橋美智子、三浦清枝ら退団。

・一九七二年四月一九日　『劇的なるものをめぐってⅡ』より、フランス政府主催のテアトル・デ・ナシオン（パリ、ジャン＝ルイ・バロー芸術監督）に参加。

九月一三日－　『其の二《哀劇》ドン・ハムレット』上演。

『劇的なるものをめぐってⅡ』ナンシー演劇祭／1973年

一一月　菅間勇ほか入団。

・一九七三年二月二八日－『其の三　劇的なるものをめぐってⅡ――改訂版　白石加代子抄』上演。

四－六月『劇的なるものをめぐってⅡ――改訂版　白石加代子抄』、ナンシー演劇祭（フランス）、レカミエ座（パリ）、ミクリ劇場（アムステルダム）で上演。

八月、グロトフスキー来日、鈴木忠志と対談（『共同通信』紙上）

ちなみに『其の一・染替再顔見世』を最後に、上演記録から小野碩の名が消える。小野碩は、鈴木忠志が早稲田小劇場で共同作業した俳優のうち、スズキ・トレーニング・メソッド確立以前の、唯一の名優であった。この場合「名優」とは集団の屋台骨の俳優のことだ。一九八九年に退団するまでの白石加代子、他には、体調を崩す以前の蔦森皓祐、一九八〇－九〇年代の一時期の笛田宇一郎、ＳＰＡＣ末期から二〇一〇年代途中までの新堀清純、この十数年の竹森陽一、齊藤真紀、内藤千恵子などもこれに当たるだろうか。

3 「演技論」の圏域をこえて

歌右衛門・メルロ＝ポンティ

別役実との訣別から女優白石加代子誕生までの過程は、鈴木が独自の演劇理論を形成する苦闘の時期でもあった。その前史は、一九六六年、中村歌右衛門を手掛かりに、女形の芸を論じることを通して演技の本質を論じたときにはじまっている。

（…）女形の芸の要点は女を真似るのではなく、男の肉体の動きを殺すのだそうである。（…）殺すという以上、対象を措定する意識が個体の裡に発生するわけである。女形の場合当然これは男性としての己れの肉体の動きになるわけだが、殺すためには、対象の本質を細部にわたるまで知り尽くさなければ、完全を期すわけにはいくまい。[*17]

男の肉体の動きを「殺す」と読めば、そこには一瞬身を引かせるものがある。ここでいう

「殺す」とは何を意味するのか。それは痕跡を消すことだ。鈴木も言及しているが、生身の歌右衛門は左足が不自由で日常の歩行はぎごちなかったという。舞台上の歌右衛門は、男の「身振り」だけでなく足の不自由も「殺した」、つまり痕跡を消去した。男の肉体の動きを消し去り、そこに演じる女の「身振り」を据えた俳優の、自身の肉体に対する自己洞察、自己対象化は、生身の肉体の性別や、足の不自由をも乗り越えるほどに徹底していたことをうかがわせる。「演技」とは、鈴木にとって一方では「生活史的根拠」に根ざした強靱な身体によって生きられるものでなくてはならないと同時に、他方で、方法的に冷徹で高度な統制を求められるものだったのである。[*18]

集団の中で、このふたつから要求される緊張に耐え抜くのは至難の業である。とりわけ、演

＊17　鈴木忠志「歌右衛門にふれながら」、前出『内角の和Ｉ』一三－一四頁。初出は『大学新聞協』一九六六年四月一日号。原題「役者の疎外意識と自覚」。

＊18　鈴木は一九六九年には次のように書いている。「舞台の創造とは、俳優が日常生活のなかで他者に領有され、意味として道具化されることを強制された言語・身体行為を、もっとも純粋に実在性としてとりもどそうとすることなのだ。メルロ＝ポンティ流にいえば、そのとき俳優は『表現と表現されるものとを区別することのできないような存在（…）現に在るその時間的・空間的位置を離れないで、その意味するところを放射するような存在』（『知覚の現象学』）になるということなのだ」（「演技と情況」、前出『内角の和Ｉ』五〇－五一頁。初出は『新劇』一九六九年七月号）。

出家と俳優の対等な拮抗が前提となっていたに違いない劇団の初期には、この緊張を稽古場で持続するのは熾烈な作業であったに違いない。小野碩と鈴木忠志の「関係」は、一一年間（一九六〇－一九七一）で終わった。よく続いた、というべきなのかもしれない。それに続く白石加代子と鈴木忠志の「関係」は二二年（一九六七－一九八九）である。

「われあり」への道

鈴木忠志の演劇観は、近代リアリズム演劇の方法を確立したスタニスラフスキーとは多くの点で相容れない。スタニスラフスキーについて、批判も加えている。しかし、他方で鈴木は『俳優修業』について、

私には、スタニスラフスキーみずからが身体的感情的にはっきりとみた何ものか——人間的可能性と豊かさを想わせる創造的意識状態を、ひとりでも多くの人に体験させようとする情熱が、この書を裏側からよく支えているのがわかる（…）。『俳優修業』は《われあり》という状態、自由な行為の生まれでる潜在意識をよびさますための意識的な技術に、ほとんどその主調をささげているといっても過言ではない。[*19]

と書いている。《われあり》という状態とは「創造的意識状態」のことにほかならない。つ

まり、舞台の上で自由自在に想像力が働き、その想像力の働きと一体に所作し語り、それを止めることのできると感じられる状態である。《われあり》という状態こそ、スタニスラフスキーが『俳優修業』という方法の目標であるインスピレーションを獲得することであり、そこに至るプロセス、つまりは潜在意識の解放に至るプロセスをスタニスラフスキーは飛行機の滑走路に譬えたのだった。[*20]

では、スタニスラフスキーと鈴木の違いは、鈴木の側から見るとどこにあるのか。

(…)飛行機によっては滑走路の長さも、滑走路のひき方も、それぞれに異なる以外ないし、地上を離陸した飛行機だけが、俳優という呼称に相応するのだという基準だけは、も

*19 同前、五二頁。

*20 前注の引用に続けて、さらに鈴木は、俳優の「創造的意識状態」の意味を明らかにするために、無意識に関するエーリッヒ・フロムの『疑惑と行動』の次の一節を引用する。「発見するという行為は、思考するという行為なのではなく、自覚することであり、おそらくもっと正確な表現を用いれば、単に見るという行為なのである。無意識的な体験や思考や感情を自覚するということは、それについて考えるという意味ではなくて、それを見るということである」。そのうえで、「この一文の無意識という言葉を、創造的意識状態と置き換えてもらえばよいだろう。(…)そういう創造的状態のなかで、無限に自己増殖をしていくような行為こそが、演劇活動なのだ」と書いている(同前、五四頁)。

う少し明確にすべきだったろう。
ひとつの飛行機には、ひとつの滑走路しか適用しえない――おそらくこれが、俳優の演技というものである。[*21]

スタニスラフスキーが自身の方法で俳優を《われあり》の境位に到達させるための汎用性のある一つの「滑走路」を想定していたのに対して、鈴木は、インスピレーションを獲得するための「滑走路」は俳優ごとに違うというのである。つまり、スタニスラフスキーのメソッドであった『俳優修業』は、それ自体が、俳優を志す万人の滑走路と意識されていた。他方、スズキ・トレーニング・メソッドは、それぞれの俳優が、固有の異なった滑走路を見出す媒介、自分の身体を感知し創造的意識状態へと向かわせる媒介であって、滑走路そのものではない、ということになるだろう。

「離見の見」

鈴木忠志の演劇理論は、歌右衛門に触発されて輪郭を明らかにし始め、世阿弥と遭遇してひとまず完結するに至る。参照項に鈴木は、世阿弥の『花鏡』を引用する。

舞に「目前心後」といふことあり。目を前に見て、心を後に置けとなり、（…）見所より観るところの風姿は、わが離見なり。しかれば、わが眼の観るところは、我見なり。離見の見にはあらず。離見の見にて観るところは、すなわち見所同心の見なり。そのときは、わが姿を見得するなり、わが姿を見得すれば、左右・前後を観るなり。しかれども、目前・左右までをば観れども、後姿をば未だ知らぬか。後姿おぼえねば、姿の俗なる所を知らず。さるほどに、離見の見にて、見所同心となりて、不及目の身所まで見智して、五体相応の幽姿をなすべし。これすなはち、心を後に置くにてあらずや。[*22]

＊21　前出、鈴木忠志「白石加代子」一八一頁。
＊22　小西甚一の現代語訳によると、
「舞に『目前心後』ということがある。『目を前につけ、心を後に置け』という意味である。（…）観客席から見る役者の演技は、客体化された自分の姿である。つまり、自分の意識する自分の姿は、我見であって、けっして離見で見た自分ではない。離見という態度で見るときには、観客の意識に同化して自分の芸を見るわけであって、そのとき、はじめて自己の姿というものを完全に見きわめることができる。自分の姿を見きわめることができれば、前後左右、どこだって完全に見るわけである。けれども、自分の眼で自分の姿を見れば、目前と左右とだけは見られるが、後姿はわからない。自己の後姿が感じとれなければ、たとえ姿に洗練を欠く点があっても、よくわからない。

　だから、いつも離見の見をもって、観衆と同じ眼で自己の姿をながめ、肉眼では見えない所まで見きわめて、身体ぜんたいの調和した優美な姿を完成しなければならない。そして、これは、すなわち、心を自己の後に置くという次第ではないか」（『風姿花伝・花鏡』タチバナ教養文庫）。

鍵となるのは主観つまり「我見」を対象化する「離見の見」による「見所同心」、つまり演者が演じつつ同時に観客の眼差しに己を重ねる自己客観化である。鈴木は、ここに、「演技というものが絶対的独自性を主張するような自己意識によって行なわれるものではなく、『他人知覚』[*23]を前提としつつ、自己に対する想像的意識に支えられていくという弁証法的なダイナミズムのなかでしか捉えられない、ということの世阿弥的表現」[*24]を読み取るのである。

演技論の圏域を超える

鈴木は、「演技」を次のように定義する。

演技とは、語られることを拒否するように成立している。それは、語るものではなく、生きるものだ。(…)ある個人が、彼自身と出会うための不可避なる営為として行なわれるものである。俳優にとって、そのように生きる場、それを彼自身は世界と名づけてもさしつかえないだろう。(…)演技とは、感覚的なプレロジカルな領域として、透明な全体性の相貌のもとにあるものである。そういう前言語的領域を透視して、何ごとか語らなければならない必然性を内部に所有するとは、やはり語る主体が、既成の言語体験の拘束を逃れて、新しい言語領域のなかを生きたいという希求をもつということに等しい。そういう緊張を言葉が獲得したとき、語ることを拒否するひとつの世界が、発見として我々の面前に初めて顕現する。[*25]

「語るものではなく、生きるもの」「ある個人が、彼自身と出会うための不可避なる営為」「世界と名づけてもさしつかえない」「感覚的なプレロジカルな領域として、透明な全体性の相貌のもとにあるもの」「語る主体が、既成の言語体験の拘束を逃れて、新しい言語領域のなかを

＊23　「他人知覚」とは、メルロ＝ポンティが「幼児の対人関係」のなかで用いている概念である。鈴木は「離見の見」のなかで、メルロ＝ポンティの次の箇所を引用している。
「他人知覚においては、私の身体と他人の身体は対にされ、言わば二つで一つの行為をなし遂げることになるのです。つまり私は、自分がただ見ているにすぎないその行為を、言わば離れた所から生き、それを私の行為とし、それを自分で行ない、また理解するわけです。また逆に、私自身の行なう動作が、他人にとってもその志向対象になりうることを、私は知っています。こうして私の志向が他人の身体に移され、他人の志向も私の身体に移されるということ、また他人が私によって疎外され、私もまた他人によって疎外されるというそのことこそが、他人知覚というものを可能にするのです」（『幼児の対人関係』木田元訳、みすず書房、二〇〇一年）。

鈴木が「離見の見」を書いた当時は『眼と精神』（みすず書房、一九六六年）に収録されていた。

＊24　「離見の見」、前出『内閣の和Ⅰ』六一頁。初出は福田善之作・観世栄夫演出『魔女伝説』自由劇場パンフレット、一九六九年。原題は「演技論」。

＊25　同前、五九－六〇頁。

生きたいという希求をもつということ」……これらは確かに、「演技」の定義であるには違いない。しかし、これはすでに、演技論の圏域を超えている。この文章からも、鈴木本人は気づいていることがうかがわれるが、当時それは「演技論」という範疇で受けとめられていた。

だが、これは演技論だったのか、そもそも。むしろ身体なる域のはじめての発見に近かったろう。鈴木は演劇なるものの一切はそこだ、文字通りその「一点」で演劇が解けると考えていたろうし、その限りでだれにも真似できないインパクトを同時代とその演劇に与えたことは疑えない。少なくとも『劇的Ⅱ』に関する限り、それは（…）テクストの深層にありうるものをこれ以上ない仕方で開示して、演技論どころではない、おそらくは演劇以上の射程、近代の限界をこじ開けてみせるある時間の広がりをもっていたのである。*26

「身体なる域のはじめての発見」と佐伯隆幸が書いたのは、鈴木が世阿弥に触れながら「演技」を定義したときから、二十数年が経過していた。演技を定義しようとしているから演技論だという額面通りの認識は重要なことを見落としている、というのだ。佐伯はそれを「身体なる域のはじめての発見」と再定義した。ことばの手前にあるがゆえに語られることを拒む、「生きる」ものである名づけ得ぬ何ごとかとは「身体」だというわけだ。「身体」は戯曲の言葉という〈ヨコ〉のものを舞台の上で〈タテ〉にする道具ではない、ということぐらいは一九六〇年代の演劇の共通認識であった。しかし、それだけでは既存の演劇と違った、舞台の上の新しい〈からだのことば〉は生み出せない。発見できるのは、たかだか新しい形式である。その地点を踏み越えて、鈴木は、新しい〈からだのことば〉を現実に生み出したという意味で「近代の限界をこじ開けてみせ」たといえる、ということだろう。

佐伯隆幸のこの記述に初めて遭遇した時、ある種の感慨を覚えないではいられなかった。七〇年代、佐伯と私は、佐伯は黒テントという大集団のドラマトゥルク[*27]兼制作者として、わたしは半ば素人中心の「持たざる者」の集団の作者兼演出者として、それぞれに「運動の演劇」を旗幟に掲げて活動してきた。お互いに罵詈を投げ合いながら、運動派として他所目には「共闘」する関係にあった。共通の標的は正反対のコーナー――「運動」を標榜するべき領域と演劇の創造は位相が異なるという立場に鈴木は立っていた[*28]――にいる鈴木忠志と早稲田小劇場だった。九〇年代、佐伯と私は何人かのメンバーと同人誌『MUNKS』をはじめた。一九九四年に

＊26　佐伯隆幸「身体論的演劇――『劇的なるものをめぐってII』」、『現代演劇の起源――六〇年代演劇的精神史』一九九九年、れんが書房新社。初出は『MUNKS』一〇号、一九九六年六月。

＊27　ドラマトゥルクは、ドイツで発達した演劇スタッフの仕事で、戯曲の解釈、分析、歴史的背景の分析、など必要な知的情報を主に演出家（場合によっては俳優、新作の場合は作家）に提供し、稽古・上演をサポートする。劇団によっては、企画立案、配役などにも関与する。日本では必ずしも普及していないが、文芸部員とか学芸部員と呼ばれる仕事に相当する。

鈴木忠志演出の『イワーノフ』を水戸芸術館で見て、鈴木の演劇活動に対する評価を変え始めた頃のことである。その後、佐伯の論文の初稿はこの同人誌の一〇号に載った。一九九六年である。奇しくも、ほぼ時期を同じくして佐伯も鈴木忠志に対する評価を——私は鈴木のテクスト解読の卓抜性の方角から、佐伯は鈴木と身体への洞察への評価から——改めていたことを知ったのである。それは一九九〇年代、『劇的なるものをめぐってⅡ』の上演から二十数年あとのことである。

『劇的なるものをめぐってⅡ』は、新しい演劇の誕生を告知した舞台にほかならなかったが、二十数年後の視野から見ると、それは演劇であると同時に身体を携える人間の哲学の地平を拓く仕事でもあったといえる。舞台上の白石加代子に鈴木は世界観・人間観の哲学を書かせたのだった。坂部恵とか市川浩とか中村雄二郎とか、身体論に強い関心を寄せた哲学者が、鈴木の周り、あるいは早稲田小劇場の周りに吸引されていったのは、必然の成り行きだった。

＊28　第Ⅱ章註1参照。ここに、鈴木の側からの「運動派」との立ち位置の違いについての明確な言及がある。

第Ⅳ章

根拠地を創る——60年代からの離陸

（1974－1983）

1　異種格闘技の達成したもの

扉写真：
『トロイアの女』観世寿夫
岩波ホール／1974年

岩波ホールが求めた「異種格闘技」

岩波ホールの支配人高野悦子[*1]の招請で、鈴木忠志は一九七四年、岩波ホールの芸術監督に就任した。テアトル・デ・ナシオンでの成功が、新たな劇場文化の創造に意欲を燃やしていた高野悦子を動かす大きな要因であったことは容易に推測できる。『トロイアの女』は高野悦子が用意した、能楽、新劇、六〇年代演劇の「異種格闘技」の舞台だったともいえる。演劇組織〈兆〉の『夏芝居ホワイト・コメディ』も、「異種格闘技」には違いなかったが、これは、渡辺美佐子・吉行和子ら自薦の俳優と鈴木との関係だった。新宿文化もはじめての空間ではなかった。しかし、今回は、賢明なエスタブリッシュメントの側のプロデューサーが用意した、岩波ホールという場でのアウェイの闘いだった。鈴木と白石加代子をはじめとする早稲田小劇場の俳優たちは、岩波ホールで観世寿夫、市原悦子に遭遇する。

トロイア戦争を日本の敗戦に重ねた鈴木演出の『トロイアの女』の上演については次項以降に触れることにして、ここでは渡辺保の旧著に収められた批評を手掛かりに、「異種格闘技」と筆者が名づけたことは何を意味するかを考えたい。

渡辺保は、岩波ホールで上演された鈴木忠志演出の『トロイアの女』における三人の俳優の「方法」の差異にこと細かく言及した。能楽師と新劇女優と「アングラ」と蔑称で呼ばれていた新しい演劇の俳優たちの遭遇は何を意味したのか。およそ半世紀後の現在の目からは自明に見えることも、当時は決して自明ではなかった。以下、渡辺保の分析を紹介する。[*2]

Ｉ　「市原悦子は、言葉の意味を伝えようとしてしゃべっている。(…)これは対話の言葉なのである。観世寿夫にとっては、言葉はそのまま歌であった。しかし白石加代子に

＊1　高野悦子(1929-2013)世界的なスケールで活躍した映画プロデューサー。六八年岩波雄二郎が作った岩波ホールの総支配人となり、七四年名作上映運動「エキプ・ド・シネマ」を川喜多かしことともに主宰。同時に、演劇制作に意欲を示し、岩波ホールの芸術監督に鈴木忠志を指名した。鈴木が利賀での活動に専心したためもあって、岩波ホールの演劇は長く続かなかった。

＊2　Ｉ-Ⅴはいずれも渡辺保「俳優の素顔——吉右衛門の楽屋」からの抜き書きである(『俳優の運命』講談社、一九八一年、三二-四一頁)。実際に執筆されたのは、一九七四年『トロイアの女』上演から間もない時期であろうと推察される。

とっては、言葉は、彼女の肉体そのものだったのである。(…)その大きな違いを分析することは、ほとんどそのまま三人の『方法』の違いの実体を知ることになるだろう」。

Ⅱ 「市原悦子は言葉を人間が意味を伝えるために使う道具だと考えている」。「市原悦子の言葉は、つねにだれかのものであることを欲している言葉である」。「そのだれとは登場人物であるほかはない」。その結果、市原悦子の言葉は「人間の外側にある」。

Ⅲ 「観世寿夫は、言葉に意味を求めていない」。「観世寿夫が(…)示してきたことは、言葉は(…)かたちにおいて成り立つものだという点である」。「観世寿夫は、『トロイアの女』の言葉を歌として扱って、あえて意味を求めようとしないのである。したがって彼の言葉は、音吐朗朗、聞くものを陶酔させて、その意味を疑わせるということがなかった」。「観世寿夫の言葉もまた(…)自身の肉体の外側にあった」。「これはまさしく語りものという伝統を背負った日本の古典芸能の『方法』の特徴である」。

Ⅳ 「白石加代子にとっては、言葉は、意味を伝える道具でもなく、歌の言葉でもない」。「言葉そのものとしての全体である」。「この言葉は(…)他ならぬ白石加代子自身のものであるがしかし同時に言葉そのものとして、無人称に生きている言葉であった」。「言葉がそのものとして自立しているということである」。「この言葉が、市原悦子や観世寿夫の場合と大きく違うのは(…)人間の肉体の内側にその根拠をもつものだということである」。「彼女は(…)日常的な現実の下にかくされている自分自身を演じたのである」。

鈴木忠志の演出は、『トロイアの女』の上演を通して、当時、まだ日本の演劇界が自家薬籠中のものとしていなかったギリシャ悲劇のテクストを現代化することに成功しただけではない。鼎立する三つの演技の方法の相互関係を、舞台を通じて鮮明化して見せたのだと渡辺保は指摘した。これは卓見であった。

『トロイアの女』は方法への裏切りであったか?

四五年後、渡辺保は、『演出家 鈴木忠志』で『トロイアの女』評価を一部修正している。鈴木が折角『劇的なるものをめぐって』を通じて生み出した方法論が『トロイアの女』には適用されていないというのである。

鈴木忠志の方法論に衝撃を受け、その可能性を信じた私のような観客にとっては、これが一種の裏切りであり、岩波ホール、観世寿夫、市原悦子、白石加代子という異色の劇場、異色の配役との妥協という風に見えた。[*3]

戯曲に書かれた文脈(物語)を解体して、身体で文脈(物語)を構築するのが、新しい方法

＊3 前出、渡辺保『演出家 鈴木忠志』五七頁。

左ページ：
『トロイアの女』初演
岩波ホール／1974年

の演劇だとするなら、岩波ホールの『トロイアの女』には歴然と戯曲の物語が生きており、それが演劇の時間を牽引していた。これを「裏切り」といえばいえないことはない。また、演技の「異種格闘技」の区画整理を「五目飯」の陳列棚と考えれば、「妥協」ということになる。だが果たしてそういえるのか。

渡辺保は岩波ホール版『トロイアの女』の舞台を、能役者観世寿夫・新劇女優市原悦子と早稲田小劇場の白石加代子の共演という、劇場から提示された条件に制約された「妥協」だという。問題の核心は『劇的』シリーズを通して獲得した〈俳優の身体が紡ぐことばの物語〉の方法から、岩波ホールの『トロイアの女』が戯曲の物語に退行したのかどうかという点にある。

一つのまとまった戯曲の物語全体を演じること自体が後退なのだとすると、戯曲の上演はできなくなってしまう。「後退」なのは、ひとまとまりの戯曲の物語全体を上演することによって、舞台上の俳優が自身の身体のことばの文脈を創れないことである。二つは別のことだ。重要なのは、演出家が自身の解読した戯曲の言葉を俳優の身体に潜らせることで、舞台に先立って存在する戯曲が、舞台の上で俳優が書く言葉となり、〈われあり〉の境位にある俳優の身体のことばとして舞台に立ち現れるかどうかである。

この舞台は「異種格闘技」だった。だから、たしかに鈴木が「劇的」シリーズで見出した方法を間然するところなく貫くことは困難だったに違いない。その点で渡辺の指摘は当たっている。観世寿夫は世阿弥以来の天才といわれた能楽師だったし、市原悦子は千田是也に育てられ

た新劇若手のエースだった。それぞれの俳優には確固たる方法があった。それを前提に、鈴木が三人の俳優による三つの方法に基づく〈われあり〉の対比を舞台に現出させたことを、約五〇年前の渡辺は「俳優の素顔――吉右衛門の楽屋」で高く評価したのだった。

鈴木は、『劇的なるものをめぐってⅡ』（決定版）について、「戯曲があって舞台をつくるのではなく、舞台をつくることが戯曲をつくることである」と書いている。[*4]また、『劇的』の系譜にある構成台本を「みんなコラージュだとか断片をつないでいると言うけど、そうじゃない。これだけいろんなボキャブラリーが入って不自然でないのは、集団の肉体的感覚でつながっているからなんだ。ただそれを構成した人間がいるということ」だと語っている。[*5]

コラージュは偶然性への期待が生んだ方法である。「劇的」シリーズの構成台本は稽古場で俳優たちの身体が作り出したことばを演出家が構成したものであって、偶然の〈繋ぎ合わせ〉ではない、ということだ。

構成台本は「弱さ」か

『劇的』シリーズに対しては、渡辺とは正反対に、作家の言葉の力なしに構成台本で、舞台水準を維持し続けられるのかという疑問が呈せられた。八木柊一郎は「『個的な生活史を背景として一回性として生きられる、その個人にのみ所属する演技スタイルに深くこだわる』という鈴木の発想が、劇的シリーズという表現までは有効だったとしても、結局は論理的にも現実的にも破産するおそれがすでに見えているのではないか」「鈴木忠志が存在依拠しているところの演技論自体はおそらくいつまでも有効だと思う。だが、その演技論と同じ比重をもつ戯曲論をあわせもたない限り、現実の舞台は衰弱していくだろう」と書いた。[*6]演技に先立つ書かれたことばをどこから調達するのか、という課題への戦略がなければ息切れするという忠告である。同じく、『劇的なるものをめぐってⅡ』を絶賛した扇田昭彦も次のように書いた。

（…）演劇は必らずしも《（ママ）》即演技ではないし、具体的な何ごとかをゆたかに語りかけることを拒否するわけのものでもない。真にゆたかな演劇とは、そのような生の根拠にもとづく演技をも自己目的化することなく、むしろそれを含んでひろがるはずのものである。[*7]

『トロイアの女』の上演は鈴木がこのアポリアをどう解くかの試金石だった。鈴木はこの戯曲

＊4　鈴木忠志「『劇的なるものをめぐって・Ⅱ』について」、前出『劇的なるものをめぐって』七七頁。
＊5　前出「インタビューによる鈴木忠志独演30600秒」八二頁。
＊6　前出、八木柊一郎「『新劇』と演劇の関係」二九頁。
＊7　前出、扇田昭彦「『脱新劇』運動は何をなしとげたか」一三三頁。

の世界を日本の敗戦と重ねた。鈴木は「理想の観客」としての自身のテクスト解読を俳優に提示し、俳優自身の造形を求めたのに違いない。これは、『劇的』シリーズで、戯曲や小説の登場人物の昂揚した情念の断片を、俳優の身体に潜らせるのとは少し違った作業だったのではあるまいか。演出家によって解読された戯曲全体の文脈と俳優の生み出す身体のことばとの格闘が成立することによって、「劇的」シリーズで見出された方法は、次の一歩を踏み出した。

『トロイアの女』利賀山房／1979年

『トロイアの女』の鈴木演出は、原テクストと、俳優たちの上演を載せている〈場〉を二重化させるという、八〇年代以降、鈴木が次々に生み出した舞台の卓抜な趣向の原型である。『リア王』は、現代の精神病院の年老いた患者が、看護師に読み聞かされることによってリアを自らの境遇に重ねて感じ取る構成になっている。『イワーノフ』の初演では、自分をイワーノフと信じている人物の書斎に『改造』をはじめ、かつて日本の進歩的インテリが愛読した雑誌や書籍が並んでいた。『シラノ・ド・ベルジュ

『トロイアの女』ジャン＝ルイ・バロー劇場／1977年

ラック』は、零落した武士出身の日本人の作家喬三がわが身をシラノに重ねて、痩せ我慢の美学の物語を書いたことにされている。

その後、鈴木は『トロイアの女』のリメイクを重ねるたびに、どこかの国の具体的な流亡の姿と重ねるのではなく、戦争を抽象化・普遍化していったことは、渡辺保が指摘した通りである。[*8] 今や、造形の核心は日本の敗戦からも、エウリピデスが生きた時代のメロス島の虐殺からも離れた〈戦争の普遍性〉の批判へと移っている。原作には多数の古代ギリシャの神や人物が登場するが、二〇一四年以後の齊藤真紀主演の「新版」の舞台には神々はもちろん、メネラオス[*9]もヘレネ[*10]もいない。暴虐を振るう戦勝国の男は、固有名詞のない三人だけである。[*11] 扇田昭彦は、七四年の舞台の俳優たちの姿勢を「『しゃがむ』演技の宝庫」と呼んだ。扇田

＊8　前出、渡辺保『演出家 鈴木忠志』七五－七六頁。

はコロスにもカサンドラにもヘカベにも共通したしゃがんだ腰を低く落とした姿勢に着目し、「ここで鈴木忠志が試みたことは、西洋演劇場《(ママ)》の源流であるギリシャ悲劇を、徹底的に日本人の、いわばナショナルな感受性と肉体によって読み直し、再生する作業だった」と書いた。[*12]

この「しゃがむ姿勢」は、近代日本が日本人の土俗的な身体と感性を没却し、西欧から渡来した「近代」を受容していくしかたへの批判だと扇田はいう。[*13] またこの時期から、「足の文法」(『FOOT WORK』PARCO出版、一九八二年)へと集約される視座と、鈴木の下半身の鍛錬への徹底的な執着、それらに立脚した訓練法としてのスズキ・トレーニング・メソッドへの志向が確立されていったことを示唆している。

2　利賀への〈長征〉

岩波ホールを捨てる

「アングラ」演劇が次第に苦境に陥りかけていた時に岩波ホール芸術監督となった鈴木忠志は、一九七六年に東京を捨てることを決意する。これは、一世一代の決心だったに違いない。「発狂」したとか、あられもない噂が一瀉千里を走ったのも無理からぬことだった。当時を回想して鈴木は言う。

（…）ここで大きく出るんだけどね、モーゼにしろ毛沢東にしろ、一度外すんだよ。長征というのをやるんだよ。モーゼも出エジプトなんだ。出て行くんだ、一度。（…）それで戻ってこれた時に、その集団の力量がわかるんだということは、実によく歴史に学んでいるわけだ（笑）。（…）

まあ、小野が死んだりしたこともあるし、こうやっていてもしようがないなと思った。もうヨーロッパで受け入れられ出したでしょう。芸術監督として岩波があいうふうになったでしょう。（…）お金や必要なものは、言ったとおり出してくれる。こうなってくると、そのまま乗っちゃうという感じじゃないんだよね。それで外そうと思った。[*14]

＊9　メネラオスは、トロイア戦争においてアガメムノンを総大将とする、ギリシャ（都市国家連合）軍の副将。

＊10　ヘレネはメネラオスの妻。トロイアの王子パリスにさらわれ、両国の戦争の原因となった。

＊11　原作での役割はギリシャ軍の武将タルテュビオスとその部下に当たるが、鈴木の演出では、役の個別の「人格」には意味は付与されておらず、勝利した軍の将兵の集団として表象されていた。

＊12　扇田昭彦『現代演劇の航海』リブロポート、一九八八年、一二八頁。初出は『美術手帖』一九七五年三月号。

＊13　扇田昭彦「立ち上がる根源——鈴木忠志試論」、前出『演劇の思想』。初出は『別冊新評　鈴木忠志の世界』。

＊14　前出「インタビューによる鈴木忠志独演30600秒」九二頁。

しかし、鈴木は成功の自信に満ち溢れてもいる。「私はどこへ行ってもうまくやろうとする人」だといい、「新聞に演劇革新運動の旗手なんて書かれれば、革新のところに赤線引っぱって、消してコピーするようなおもしろい教育長のいる村でしょう。だから、そういうところでいかにうまくやっていくかが問題なんだ」と言って憚らない。[*15] どういう土地柄の村落共同体に乗り込むことになるのかも、ある程度織り込み済みなのだ。

当時の私には、東京で折角獲得した決して少なくない観客を捨てて去ることはある種の「裏切り」に思えた。六〇年代演劇は、運動と自認しようとしなかろうと、全体がエスタブリッシュメントへの異議申し立て、通念の破壊であるという意味で存在それ自体が運動であった。「運動の演劇」は、観客との関係で組織される。扇田昭彦は「脱新劇」運動に最も欠けているのは観客の問題だといった。[*16] 扇田は「運動の演劇」派のなかで、観客が「不可視」なものだとかそうでないとかいう議論がなされていること自体、目の前にいる観客を蔑ろにしてきた証だと強く批判した。しかし、早稲田小劇場の観客は、つかこうへいが心ならずも集めてしまった、笑えさえすれば何でもいいという観客ではなかった。

「脱新劇」の潮流の中で早稲田小劇場が、最も理想に近い観客を組織できていたと私は思う。大半の観客は貧しい。利賀まで行く時間も金もない。出かけてゆく客の大半は、資力と時間のあるスノッブだと思った。私には納得がゆかなかった。だからこの時期からかなり長い間、私は東京で上演された舞台以外の早稲田小劇場、SCOTの上演とご無沙汰することになる。

東京の演劇 ── 成熟と喪失

当時、東京の「脱新劇」潮流は、どのような状況だったかを概観しておこう。概して、「大手」の集団はリファインされ「巧く」なった。黒テントは、『翼を燃やす天使たちの舞踏』『鼠小僧次郎吉』『喜劇昭和の世界』などで全国縦断興行を続けていた。緑魔子、小川真由美、安田南などを客演に迎え、吉田日出子、清水紘治、新井純、村松克己、斎藤晴彦、串田和美、金子研三、桐谷夏子、草野大悟、樋浦勉、広瀬昌助などを擁して、舞台のレベルは高かった。だが、地域住民の拒否にあって次第にテントが立てにくくなった。とりわけ、本拠地の東京で困難に遭遇した。

花園神社を追われた紅テントは、都内各地、日本全国を漂流した後、戒厳令下のソウル西江大学で『二都物語』を上演する。[*17] 七二年にはこの作品で東京・上野の不忍池に登場した。この時期の状況劇場の舞台の緊密度は年々高くなっていた。だが、〈時の利〉を失いつつあることを敏感な唐が直観しないわけがない。ダッカやパレスチナへの、ほとんど無謀とも思われる旅

＊15 同前、九三頁。
＊16 前掲、扇田昭彦「『脱新劇』運動は何をなしとげたか」一三五頁。
＊17 唐十郎と紅テントの一九七四年あたりまでの活動の軌跡と論評に関しては『別冊新評 全特集唐十郎の世界』に詳しい。

興行は、失われつつある緊張を奪回するための逆療法であったのだと思う。

　現代人劇場は改組されて櫻社となり、現実の社会叛乱の敗北を抒情的に歌い上げる舞台を作り続けてきたが、ほどなく解体した。蜷川幸雄は東宝の『ロミオとジュリエット』演出へと進出し、清水邦夫は木冬社を作って、新劇の一角に回帰した。石橋蓮司や緑魔子たちは第七病棟を結成し、唐十郎脚本で「脱新劇」を堅持した。天井桟敷は街頭劇と海外公演で活路を開こうと模索していた。病身の寺山修司には徐々に命の危険が迫っていた。

利賀山房の劇場2階で

　つかこうへいが人気を博していたが、それは、つかが在日の作家として、日本人につきつけた険しい〈毒〉が観客に理解されないままの、不遇の人気とでもいうべきものだった。[*18] つかの客はただ笑っていられればよかったのだ。その他の「脱新劇」運動の演劇は、〈時の利〉を失って悪戦苦闘していた。サバイバルは困難だった。鈴木だけが順風満帆に見えた。その鈴木忠志が東京から撤退して利賀を目ざしたのである。

一九七六年夏・利賀

鈴木忠志は、吹雪のなか、はじめて利賀村を訪れた時のことを次のように書いている。

　みわたすかぎり白い雪原のなかに、急勾配の黒ずんだ茅葺の屋根がわずかに首をだして、降りしきる雪のなかに見え隠れしている。なるほど合掌造りとはよく名づけたもので、自然の圧倒的な力に抗して、天に向って合掌していたのである。雪のなかを四つん這いになって泳ぐように進んでいき、2階の窓から室内に下り立ってみると、今度は外界の白さとは対照的な黒く煤けた柱の林立である。それも平地の家屋の柱とはまったくちがい、太く高く、自然のままの曲線が生かされている。荒っぽいが力強い。(…)私はかねがね、劇場という概念のために奉仕するようにつくられた建造物ではなく、住空間をそのまま劇場にすることはできないかと考えていたから、ここを舞台とすることに躊躇するところはなかった。[*19]

＊18　拙稿「『日本』演劇の〈他者〉——現代演劇におけるつかこうへいの位置」(『文藝別冊　つかこうへい』二〇一一年、河出書房新社所収)参照。

＊19　鈴木忠志「聖地・利賀村」一九八〇年、「利賀」、SCOT公式サイト。https://www.scot-suzukicompany.com/toga/

利賀山房での稽古風景

二〇一六年に利賀芸術公園を訪れて鈴木の舞台を見たイギリスのシェイクスピア協会会長で、ランカスター大学教授のアリソン・フィンドレーは、ジャック・コポーと比較している。フィンドレーはいう。

利賀村の地理的な遠さ（東京から三六六キロ以上ある）は、ジャック・コポーが一九一三年に作ったエコール・ドゥ・ヴュ・コロンビエールにさかのぼる集中的な実験を思わせる。（…）鈴木と同様、コポーは自分の劇団を首都から遠く離れたリモンの田舎にある自分の家に連れてきて、そこで暮らし働かせた。

（…）コポーの言う「演劇の使徒たち」のように、SCOTの団員たちも演劇のための自らの身体に対する厳しい肉体訓練と、他の創造活動（…）とを協働して行っている。[*20]

合掌家屋二棟を五年契約で借りた早稲田小劇場と鈴木忠志は、一九七六年八月二八日、利賀山房を開場する。演目は第一部：利賀村獅子舞、第二部：観世寿夫『経政』、第三部：鈴木忠志演出『宴の夜』（このあと、四年にわたって、一、二、三、四と続くので、現在の視点からの表記では『宴の夜・一』とすべきだろう）だった。

九月一日の『朝日新聞』はこう書いた。「第三部が鈴木構成演出による早稲田小劇場の公演『宴の夜』。女装の道化役者、傷《しょう》い軍人、老女三人の記憶と幻想の芝居ごっこが、チェーホフの『三人姉妹』、エウリピデスの『バッコスの信女』『トロイアの女』、ベケットの『ゴドーを待ちながら』、岡潔のエッセーなどの断片を借りて結びあわされ、総体として複層的な日本論を形づくる。白石加代子、豊川潤、土井通肇ら劇団員たちのダイナミックな演技に熱い拍手がわいた」。

この記事は、当時、早稲田小劇場を熱心に取材に当たっていた扇田昭彦の文章だろうと推測される。扇田が『美術手帖』に書いた劇評にも、この舞台が日本人論として成立していること、

＊20　アリソン・フィンドレー「記憶と故郷、復讐とノスタルジア――SCOTサマーシーズン2016概評」本橋哲也訳、『利賀から世界へ』八号、八〇‐八一頁。

右ページ：
『宴の夜・一』
利賀山房／1976年

鈴木の思考は極めて西欧的なものであること、白石加代子だけでなく、豊川潤、土井通肇、小田豊、新健二郎、浜本達男、富永由美、千賀ゆう子、古屋和子らが集団としての高い緊迫感を示したことなどが記されている。[*21] 興味深いのは、扇田と渡辺保の記述と関心の置き所に乖離があることだ。渡辺は、「『宴の夜』は、『劇的』にならって複数の戯曲の断片を組み合わせたものので、『一』は『トロイアの女』と岡本章の『霊老女』ほか、『二』はオスカー・ワイルドの『サロメ』ほか、『三』はシェイクスピアの『マクベス』ほかである。（…）『トロイアの女』は、岩波ホールのそれとは違って、戯曲全体ではなく断片された《（ママ）》ある部分が強調された。そのなかでもっとも印象的だったのは、ヘカベがトロイ戦後の狂騒をよそにジッとひとり静寂に耐えている姿であった」と書いている。[*22] 渡辺の関心は、白石が「言葉にならない無言の演技で女の深層を見せた」ことにあり、この「言葉にならぬものへの志向」こそ、岩波ホールになかったものだという。

扇田には岩波ホールからの連続的発展という評価があり、渡辺には岩波での後退からの飛躍という評価がある。二人は当時、早稲田小劇場の最も良き観客であり批評家であった。

＊21　扇田昭彦「過疎村への初めての旅」、前出『現代演劇の航海』一四七－一五〇頁、初出は『美術手帖』一九七六年一一月号。
＊22　前出、渡辺保『演出家　鈴木忠志』一〇二－一〇三頁。

利賀山房での上演

この後（旧）利賀山房では、一九七七年八月に『宴の夜・一』、七八年八月に『宴の夜・三』および田中泯『舞態』、七九年八月に『宴の夜・四』と衣笠貞之助監督の映画『狂った一頁』の上映が行われた。『宴の夜・二』は白石加代子と杉浦千鶴子による『サロメ』を機軸にした構成台本による舞台だったが、ベケット（『ワット』）の陰々滅々たる台詞が語られたこととともに、土井通肇、蔦森皓祐、浜本達男の三人組が、後に『世界の果てからこんにちは』の重要な構成要素になる「消化不良か消化過剰か」を言い争うファルスが組み入れられていたことを扇田昭彦が書き残している。[*23]

『宴の夜・三』は『マクベス』を軸にした構成台本で、白石加代子が素顔でなく、白髪の鬘をつけてマクベス夫人を演じた、と渡辺保が書いている。渡辺は、それを岩波ホールの『トロイアの女』からの離脱、鈴木忠志が『劇的』シリーズの方法に立ち戻って「もう一つの物語をつくろうとする」過程であったという。[*24] この見立ては、今一つ筆者には納得がゆかない。岩波ホールの『トロイアの女』をなぜ負の経験だと一面化しなければならないのだろうか。「異種格闘技」が負の経験であったのであれば、観世寿夫との共同作業や市原悦子との共同作業を鈴木が厭わなかった理由が見当たらなくなる。

『マクベス』に関しては、先行した試みがある。早稲田から利賀への端境期だった一九七五年、早稲田小劇場で上演された『アトリエ no. 3 夜と時計』が、鈴木忠志のマクベスのイメージの原型をなすものだった。「私のマクベス――夜と時計」はこう書きだされている。[*25]

深夜。廃屋あるいは病院の一室。
二時を指したまま錆びついてしまった柱時計が宙吊りになっている。
そのすこし下のほうには、ところどころガラスの破れた白い窓枠がやはり宙吊りになっており、さらにその下には、古びた木製の椅子、片足の折れた椅子がある。

そこに「煮染めたようなフンドシをだらしなくたらし、骨と皮ばかりになった素肌に、ドテラともガウンともつかぬ着古した衣裳をまとった一人の老人が登場する」。これがマクベス、というか、自分をマクベスと思い込んでいる、あるいはマクベスの台詞を必要としている人物である。シーンは、敗北と死を眼前に控えた、妃の死の知らせを聞く直前のマクベスだ。これは、『世界の果てからこんにちは』の最後のシーンの起源でもある。

*23　扇田昭彦「消化過剰の劇世界」、前出『現代演劇の航海』一六八―一七一頁。初出は『新劇』一九七七年一〇月号。
*24　前出、渡辺保『演出家　鈴木忠志』一〇三頁。
*25　鈴木忠志「私のマクベス――夜と時計」、前出『内角の和Ⅱ』二二七頁。初出は『ユリイカ』一九七五年一一月号。

七九年八月には『宴の夜・四』が上演される。この舞台の改訂版が、『家庭の医学』と題して一一月にディスコ・フルハウスで上演されている。原作はローラン・トポールの小説「ジョコ、記念日を祝う」であり、[*26]鈴木自身が脚色した。[*27]しかもこれは、近年の歌謡曲シリーズの第三作『北国の春』(二〇一七年)の原型でもある。

一九八〇年には磯崎新の設計による新しい利賀山房が完成する。その舞台で『白石加代子抄』『トロイアの女』『野村万之丞抄』『鐵倫 観世栄夫』が上演された。観世寿夫が亡くなり、『トロイアの女』の上演が、早稲田小劇場の俳優によって固められたのは、この時だろう。劇団四季では、主役を外部の大スターに頼っていた状態から、すべて四季の劇団員で上演できるようになった状態となることを「ピュア四季」というそうだ。これに倣えば、「異種格闘技」が終わり、ピュア早稲田小劇場がここからはじまることになる。

3 新たな展開へ

『バッコスの信女』の初演

利賀に移転しても鈴木は、岩波ホールの芸術監督を続けていた。鈴木演出の第二弾が、七八年のエウリピデス作『バッコスの信女』だった。松岡正剛が、ブログでこの舞台を観世寿夫と鈴木忠志が四つに組んだ異種格闘技として絶賛している。

アジア（といっても、現在の中東だが）由来のディオニュソス信仰がテーバイに侵入し、信女たちのオルギア（礼拝儀式）が都市国家全体に蔓延する。国王ペンテウスは、政治的な危機の到来を直観して弾圧する。これがディオニュソスおよびディオニュソス教の僧侶との対決に発展する。僧侶たちはペンテウスに女たちの祭りを一度つぶさに観察してみてはどうかと誘い出す。ペンテウスの母アガウエも、たぶらかされて饗宴の輪のなかにいる。宗教的恍惚のさなか、アガウエは獅子を槍で殺したつもりでペンテウスを殺してしまう。我に返ったアガウエは己の所業に愕然とする。異教徒への傲慢に対してカドモスが、苛酷さと意外さを語りつつ、神意を讃えて舞台は終わる。アテナイの広場での観劇後の市民たちの討議の主題は、異教への憎悪・軽蔑への戒めということになろう。

この作品には、異文化は歓待せよという現代に通じるテーマがある。だが、前にも触れたように、このテクストが『ディオニュソス』と改題された後には、ギリシャ人による単なる優越民族の傲慢への戒めという域を超えて、政治的に強力な規定力を持つ宗教の、事実の操作、情

＊26　ローラン・トポール「ジョコ、記念日を祝う」榊原晃三訳、『ブラック・ユーモア選集』一巻、早川書房、一九七〇年。

＊27　鈴木忠志「家庭の医学」『新劇』一九七九年一二月号。

報の操作のおぞましさという、批判の視座が組み入れられる。いわば、政治宗教が捏造するポスト・トゥルースへの先駆的な批判である。

様々な場への遍歴

一九七二年のパリでのテアトル・デ・ナシオンへの登場と、鈴木忠志の岩波ホール芸術監督就任以後、早稲田小劇場に欧米の視線が注がれるようになった。各地で、公演や俳優訓練の招聘が相次いだ。七五年、ワルシャワでのテアトル・デ・ナシオンに招聘される。この時は、グロトフスキーの招きでヴロツワフや、ポルスキ劇場でも『劇的なるものをめぐって――演劇における日本的なるものを求めて』を上演している。七七年には、パリの世界演劇祭に参加し、バロー主宰のテアトル・ドルセで『トロイアの女』改訂版を上演し、さらにローマの民衆演劇祭にも参加し、リスボン、ベルリンでも公演した。

一九八〇年一月には、鈴木がウィスコンシン大学ミルウォーキー校で演技の授業を行った。一九八一年一月にはジュリアード音楽院で、二月にはウィスコンシン大学ファインアーツ劇場で、日米両国の俳優による二ヶ国語での『バッコスの信女』を上演している。一九八二年に再びジュリアード音楽院、ウィスコンシン大学での講義のために渡米し、その後、短期の客員教授として毎年講義を行うことになった。この年から、カリフォルニア大学サンディエゴ校にも出講している。

『バッコスの信女』

一九八一年、鈴木は帝国劇場開場七〇周年記念ミュージカル公演『スウィーニィ・トッド』を演出し、鳳蘭、市川染五郎（のち松本幸四郎、現松本白鸚）、『トロイアの女』で出会った市原悦子などが出演した。利賀フェスティバル開催の翌年の一九八三年一二月には、『悲劇――アトレウス家の崩壊』が帝劇で上演された。出演は鳳蘭、順みつき、永島敏行などだった。原典は、その年の夏に利賀で上演された『王妃クリテムネストラ』である。

一九八三年から、利賀国際演劇夏季大学が開設され、これがその後、世界各地の俳優のスズキ・トレーニング・メソッドの継続的な訓練のはじまりとなった。一九八四年のロサンゼルス・オリンピック芸術祭では、アリアーヌ・ムヌーシュキン（フランス、テアトル・ド・ソレイユ）演出の『リチャード二世』、テリー・ハンズ（イギリス、ロイヤル・シェイクスピア・カンパニー）演出の『シラノ・ド・ベルジュラック』とともに、鈴木忠志演出『トロイアの女』がオープニング公演で上演された。[*28]

国際舞台芸術研究所の設立——利賀フェスティバル

一九八二年、鈴木は財団法人国際舞台芸術研究所（The Japan Performing Arts Center）を立ち上げる。発足時の役員は地元の有力者と鈴木の知的応援団から選りすぐられた人々だった。

理事長　鈴木忠志

副理事長　大岡信（詩人、明治大学教授）、大河内豪（帝国劇場支配人）

理事　磯崎新（建築家、磯崎アトリエ主宰）、大島文雄（富山県芸術文化協会会長）、郡司正勝（早稲田大学教授、国立劇場理事）、高橋康也（英文学、東京大学教授）、堤清二（西武百貨店会長）、勅使河原宏（草月流家元）、中村雄二郎（哲学、明治大学教授）、原谷敬吾（北陸電力会長）、深山栄（北日本新聞社社長）、緑川亨（岩波書店社長）、山口昌男（文化人類学、東京外国語大学教授）

監事　野原啓蔵（利賀村村長）、真木小太郎（舞台美術家、舞台美術・劇場技術国際組織日本センター理事長）

このほかに、岩波ホールの高野悦子、渡邊守章（フランス演劇、演出家、東京大学）、市川浩（哲学、明治大学）、大江健三郎（小説家）、柄谷行人（思想、法政大学）、坂部恵（哲学、東京大学）、五十嵐武士（政治学、東京大学）、渡辺保（評論家）、広末保（国文学、法政大学）、松岡正剛（編集者）などがある。より若い世代では鴻英良（ロシア文学、演劇批評）、内野儀（アメリカ演劇、東京大学）、三浦雅士（編集者）、伊藤裕夫（電通総研）などが、早稲田小劇場の活動に強い関心を抱いていた。

一九八二年、国際舞台芸術研究所設立を記念して、第一回利賀フェスティバルが開催された。早稲田小劇場は『トロイアの女』改訂版を再演した。ゲストはロバート・ウィルソン（『聾者の視線』）、タデウシュ・カントール[*29]（『死の教室』）、ジョン・フォックス（『荒地とせきれい』）、メレディス・モンク（『少女教育』）などだった。国内からの参加は、寺山修司、太田省吾、観世銕之丞・栄夫、野村万之丞などだった。ゲストで最も注目すべきなのはカントールの代表作『死の教室』だろう。日本語圏の演劇史で重要なのは、岩波ホール版とは趣を一新した『トロ

＊28　この間の軌跡と鈴木忠志演出作品の初演記録はSCOT公式サイトに掲載されている。https://www.scot-suzukicompany.com/profile/

＊29　SCOT公式サイトの活動年譜での表記はタデウス・カントール。ただしPARCO出版から刊行された著作『死の演劇』（松本小四郎・鴻英良訳、一九八三年）の著者の表記はタデウシュ・カントールとなっている。

『王妃クリテムネストラ』

イアの女』の完成形が上演されたことである。演劇祭に参加した演劇人を含む世界各国から来た観客に向けて、この時期の早稲田小劇場の集団的力量の集大成が発信されたといえる。

『王妃クリテムネストラ』の特殊な位置

また、八三年の第二回利賀フェスティバルで上演された『王妃クリテムネストラ』は渡辺保が『演出家 鈴木忠志』で述べているように注目すべき作品である。白石加代子の演技については渡辺保の文章があるので、ここでは鈴木が再構成したテクストについて述べたい。

構成台本の原典はアイスキュロスの『アガメムノン』『コエーポロイ（慈しみの女神たち）』『エウメニデス（供養する

女たち)』、ソフォクレスの『エレクトラ』、エウリピデスの『エレクトラ』『オレステス』である。これは殺したオレステスの論理に対する殺されたクリテムネストラの立場の宣明ともなっており、J・バトラーふうに言えば[*30]、「クリテムネストラの主張」が観客によって検討される。ギリシャ神話では、アガメムノンはクリテムネストラを、前夫と、前夫との間に生まれた子を殺してから娶っている。また、クリテムネストラとの間にできたイフィゲネイアも戦勝祈願のために生贄にしている。復讐を遂げたクリテムネストラは言う。

(…)たしかに私が手をかけて殺した。それに抗うつもりはない。お父さまを殺したのは私独りの力じゃない、正義の神がなさったことなのだから。(…)お父さまは、お前の血を分けた姉を神さまの犠牲《いけにえ》にするという、ほかの誰にもできないことを平気でやってのけた人なのだよ。あの子が生まれたとき、腹を痛めたこの私ほどの苦しみをあの人がしたわけではないのだものね。(…)お父さまはいったい何のためにお前の姉を犠牲になさったのか。ギリシア人のためだったとおいいかい。あの人たちには、私の娘を殺す資格はなかったはずだ。いくらトロイアとのいくさに勝つためだとはいえ、無慈悲で心の狂った父親のすることではないだろうかね[*31]。

＊30　ジュディス・バトラー『アンティゴネーの主張』竹村和子訳、青土社、二〇〇二年。

他方、母を殺して、母の父テュンダレオスになじられたオレステスはいう。

（…）わたしが、この行為により、ギリシア全体にどれほど役立っているかを、聞いてください。女たちが、夫を殺害するような不敵なことをしても（…）子供たちの同情をかうことができるということになれば、女たちには、夫を非難する口実さえ都合よく見つかれば、いつでも夫殺しができることになるのですから。（…）わたしは、いまのべましたようなことが慣習となるのをふせいだのです。[*32]

鈴木は、母を殺した直後にその下手人が「こういうことをいうとは信じられない」といい、「こういう言葉を書きつけることができる文字というものの不思議な制度に驚いた」と書いている。

ギリシャ悲劇の時代、都市国家は母系制から父系制への移行期にあった。正義と罪を分けるのは、父系か母系かによってである。アポロンは言う。

（…）母というものは、その母の子と呼ばれる者の生みの親ではない、その胎内に新しく宿った胤《たね》を育てる者に過ぎないのだ、子を儲けるのは父親であり、母はただあたかも主人《あるじ》が客をもてなすように、その若い芽を護り育ててゆくわけなのだ。[*33]

鈴木は「現実には存在しない神」が語る「ひどい屁理屈のほうにリアリティが付与されている」と指摘している。[*34]

アポロンは父系主義の側の「新しい神」なのだ。クリテムネストラに寄り添う復讐の女神たちは「成り上がりの神々、昔からの掟を、よくも足蹴にしたな」とアテナを罵る。テュンダレオスはアテナとアポロンに「お前たち新しい神と称する者に次のことを警告し、そして実行もするぞ。こいつのために死をふせいでやるようなことをせず、町のひとたちに首を吊られて殺されるままにせよ。さもなければ、神さまなどといって、この地に足を踏みいれるな」と言って退場する。

鈴木の構成台本は二つの復讐の論理を尖鋭に対立させる。クリテムネストラの亡霊による再復讐で終わるラストシーンには、その「五分の利」への共感が滲んでいるように感じられる。このテクストの独特なところは、精神病院とか、主人公の老人の妄想とか、ドラマの外枠が設定されていないことである。鈴木の舞台では極めて例外的だ。

＊31　「戯曲　王妃クリュタイメストラ」、鈴木忠志『越境する力』一六六頁。初出は『世界』一九八三年一二月号。
＊32　同前、一九二－一九三頁。
＊33　同前、一九一頁。
＊34　鈴木忠志「戯曲　王妃クリュタイメストラ」の前書き。同前、一六二頁。

『トロイアの女』に遭遇してからの鈴木忠志は、幾つものギリシャ悲劇を読み込み、特定の時代に書かれた言葉を、どのようにして現代の現実に届かせることができるか、その方法の模索を重ねてきたのではないだろうか。一九八四年には『リア王』が初演される。その後、チェーホフの幾つかのテクストの上演にとりかかる。このあたりから鈴木は「六〇年代演劇」とは異なった入射角から、世界の問題群に介入する演劇による批評の方法への確かな手触りを摑んだのではあるまいか。鈴木忠志は「六〇年代演劇」から離陸したのである。[*35]

＊35　ここでいう「六〇年代演劇」とは、「新劇」と呼び習わされてきた日本近代劇からの脱出ないし飛躍を目指して、一九六〇年代に起こった演劇運動の総体のことである。運動を牽引したのは唐十郎・鈴木忠志・寺山修司・佐藤信・蜷川幸雄などの演出家たちだったが、こういうビッグネームの率いた集団だけでなく、数多くの集団がこの運動を担った。共通の旗幟は、おおむね鈴木が「小劇場運動と初心」（『内角の和Ｉ』）で言及しているような、「新劇」の作り出した内面化された秩序への反逆であったといえる。しかし、一九七〇年代、次第に〈時の利〉を失った演劇運動は疲弊し、目標を見失い、新劇と溶け合い、あるいは新劇の日常的な活動の蓄積に追い越され、運動の体をなさなくなっていった。少なくとも、ドメスティックに自足し、世界を相手にできなくなった。東京を抜け出して、利賀に拠点を構えたＳＣＯＴだけがサバイバルできたのだと私は考える。それは「初心」を守るために変わった結果だともいえるし、もはや単なる「初心」の延長にはないともいえる。「離陸」と言ったのはそういう意味である。

第V章
60年代演劇を遠く離れて
（1984-1996）

1　芸術総監督への助走

「アングラ」からの離陸

一九八四年、早稲田小劇場はＳＣＯＴすなわちSuzuki Company of Toga（スズキ・カンパニー・オブ・トガ）に改称した。これには二つの意味がある。第一に利賀が拠点だということ、第二に団結の核は鈴木だということである。改名は鈴木が六〇年代演劇から別れて、新たな地平をめざす意志表示でもあった。六〇年代演劇の共軛性とは、新劇の通念であった戯曲の優位から訣別して、①演劇は俳優の身体が生み出す言葉である、②この時間芸術は現実の時間に拘束されない、③近代劇場の規範にも拘束されない、という前提を共にしたことだった。

だが、とりわけ紅テントや天井桟敷とそのエピゴーネンには、〈時の利〉を背負った〈無方法の方法〉、無手勝流の積極的アマチュアリズムの作風が濃厚だった。それは敗北覚悟の決意主義とも繫がる。初心において、それはパセティックで美しい。だが時の経過とともにそれだ

扉写真：
『イワーノフ』蔦森皓祐（中央）
水戸芸術館ACM劇場／1992年

けでは光を失う。あえて敗北の美学で生き残りを図れば、ヒロイックなポーズだけの自己保全に転化する。鈴木が訣別したかったのは、この種の自己保全志向だったのではあるまいか。

鈴木は、明晰な方法に基づいて、心情的敗北主義との訣別を目ざした。「アングラ」の演技は紋切り型で、演技の自立を自己目的化して文学を軽視し、即興性に依存していると批判する山崎正和[*1]への反批判にそれがありありと読み取れる。

山崎正和が演技の点で批判しているアンダーグラウンド演劇の傾向は、まさしく新劇の

---

*1　山崎正和「近代劇と日本――トマス・ライマー氏との一問一答」『山崎正和著作集12　演技する精神』中央公論新社、一九八二年。初出は『新劇』一九七八年三月号。鈴木が「山崎の言い方にのっとって」として反批判している箇所の山崎側の「言い方」は「《アンダーグラウンド》演劇は演技の即興性と自立性をめざす結果、とかく戯曲を軽視して、反文学的な演劇に向かう傾向を見せます。しかし、皮肉なことに、戯曲をもたない即興的な演技は、かえって容易にコンヴェンショナルな演技に変質するからです。人間の肉体や頭脳は状況について熟慮する時間を与えられず、反射的な反応を強制されると、逆にもっとも慣習的な《紋切り型》の表現を見せます。かりに、一回目は偶然の新鮮な表現が現われるとしても、二回目からは表現は自分自身を模倣して単純な繰返しになりがちなものです」というものだった。山崎の主張の根幹は、「結局、それ（アンダーグラウンド演劇）は新劇の運命を根本的に変えるものではなかった」というところに集約されている。

ものであり、それを克服する困難をめざしたのが、ほかならぬアンダーグラウンド演劇だったということは、声を大にしていっておく必要を感じる。（…）山崎正和の言い方にのっとって、その新劇の演技を批判すれば、こういうことになる。「新劇は戯曲をあたえられると、紋切り型の表現をみせます。彼らは、はじめのうちは、そのことばが新鮮なために、生き生きした演技を展開することもあるのですが、しばらくすると、彼らの演技表現は、物言う術や断片化した身体技術をもとにした、人間の写実的な外面描写のために、自分じしんを忘れて、ことばの言い方や動き方をなぞるだけの単純なくり返しになりがちです」。こういう演技のあり方こそ、反文学的であり、戯曲軽視といってよいのではあるまいか。（…）演技の即興性や自立性は、なにひとつ、戯曲やことばに対立する概念ではない。演技における即興性とは（…）インスピレーションのことであり、自立性とは主体性のことを意味している。インスピレーションとは（…）意識的な長い訓練のはてにあらわれる、創造的意識状態の極限としての直観的な行為のことであり、主体性とは、そのインスピレーションを導きだすために、各個人が自らの生活史的特殊性にみあった方法を見出しているかどうか、ということがらにかかわっている。（…）

スタニスラフスキーのいうそのつど「われあり」という充実した身体的な感覚を得るにいたること、これこそが即興性であり、演技の自立性の内実である。（…）アンダーグラウンドの演劇人たちは、有名戯曲にもたれかかって、それを視聴覚的になぞってみせるにすぎない新劇的な「文学」的演劇を批判はしても、山崎正和のいうように、戯曲やことばを捨てたことはなかったのである。[*2]

世界は病院

だが、山崎の批判は「アングラ」の頽落形態に対しては当たっていたと言わざるを得ない側面がある。だから鈴木は、自身の「アングラ」の初心を貫くために、十数年後の「アングラ」の現実からの訣別に踏み切ったのである。この時期からの鈴木忠志は、次々と古典のテクストに対する独自の解釈に基づく造形を試みた。いわば舞台を通じた「アングラ」との〈訣別〉の連鎖である。[*3]

一九八四年一二月　シェイクスピア原作『リア王』、チェーホフ原作『三人姉妹』（ともに利賀山房）

＊2　鈴木忠志「集団と創造の現在」『演出家の発想』太田出版、一九九四年、一二四－一二六頁。初出は『現代詩手帖』一九七八年四月号。『騙りの地平』（白水社、一九八〇年）に収録されたのち『演出家の発想』に再録。

＊3　以下の初演の記録は、SCOT公式ウェブサイトの記述参照。

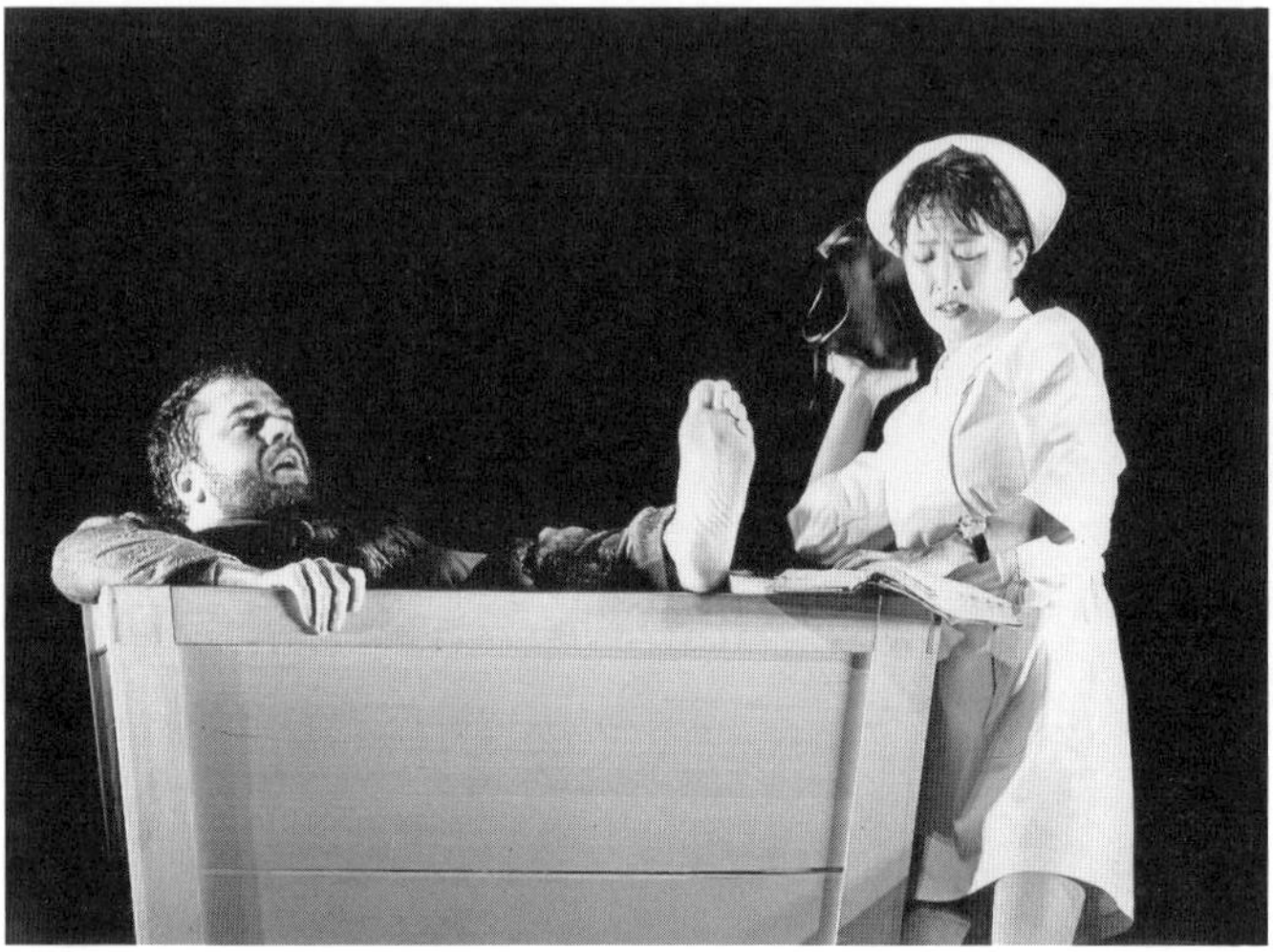
『リア王』東京グローブ座／1989年

一九八六年八月　チェーホフ原作『桜の園』（利賀山房）
一九八八年八月　チェーホフ原作『ワーニャ伯父さん』（利賀山房）
一九九〇年三月　エウリピデス原作『ディオニュソス』（水戸芸術館ACM劇場）
一九九一年一月　シェイクスピア原作『マクベス』（水戸芸術館ACM劇場）
一九九二年一月　チェーホフ原作『イワーノフ』（水戸芸術館ACM劇場）
一九九五年八月　ホフマンスタール原作『エレクトラ』（利賀野外劇場）

なかんずく『リア王』は注目を浴びた。鈴木は『リア王』について「世界は狂人の跋扈する病院であるという視点から構成し直したのが、アッピールしたのだと思う」〈ブログ、二〇一〇年一一月一二日「リア王初演」〉と書いている。老いたるリア王を世話する看護師も、舞台を横切る白衣の医師も、物語の外枠を構成している地平の誰も彼もがすべて「病人」なのだ。ピランデルロの『エンリコ四世』のように、ひとりの錯乱した人物と「正常」な人物の間で起きたできごとを、正常者の側から描く物語ではない。世界が病院なのだ。作り手も観客もみな「合理」の根拠を取り外される。〈方法としての病院〉が発見されたのである。

日本の公共劇場の混迷

〈方法としての病院〉の発見と、鈴木が演劇活動を載せている場の意味および機能を社会的に位置づける活動を自覚的に開始する時期はほぼ重なっている。公共劇場のシステムの確立と普及はその一環である。納税者の権利としての公共劇場という概念は、日本社会に馴染まなかった。近代演劇誕生以来、長らく国家の弾圧に晒されてきた演劇人には、劇場が、観客と演劇人のあいだ、観客相互のあいだの対話や学習の場であり、政治は市民にそのための充実した環境を提供する義務があるという西欧的な「伝統」を思い浮かべる素地がなかった。だから芸術を人間諸関係の必需の糧とする観念が社会に存在しなかった。政府にとって芸術は、それが単に芸術であって産業でない限り、放置か取り締まりの対象であった。[*4]

敗戦後、国立劇場建設の計画が動き始めた時にも、推進したのはオペラ界、バレエ界で、新劇系で積極的だったのは保守主義者の福田恆存[*5]であり、左派系新劇人は千田是也などを除くと関心が薄かった。大勢は「権力からの自由」を選択したのだった。

一九六六年、三宅坂の国立劇場が建設に向かって動いた時には、使用目的が伝統芸能に限定され現代演劇は先送りされた。七〇年代に現代芸術の国立劇場（当時の呼称は第二国立劇場）建設の最後の機会が訪れた時にも演劇界は混迷を極めた。最も大規模な興行実績のある劇団四季の浅利慶太が建設計画の中心となったが、浅利を忌避する演劇内外の勢力は一貫して妨害した。八〇年代末、劇団四季は演劇の統括団体（つまりは業界の意向の集約機構）である劇団協議会[*6]を脱退し、その後、浅利は公共劇場の建設に根本的に否定的な態度をとるようになる。浅利慶太が新国立劇場建設準備活動から去った後も、世界水準の芸術的実績を積みあげてきた鈴木忠志を「業界」は存在しないものとして遇した。[*7]そのため演劇界の組織的核心がなくなった。二人を欠いた劇団協議会の発言は所轄官庁に軽んじられた。文化庁官僚が「業界」の力量もかつての左翼性も失った演劇界の「実力」を見抜いたのである。専務理事の中里郁子が切歯扼腕して

＊4　ヨーロッパ各国には、公的機関（フランスは中央政府、ドイツは州政府が主体、というような差異はあるが）が、芸術表現とりわけ演劇を公共性の高い、生活に必需の活動と位置づけ、支援・育成するという慣行が歴史的に形成されている。精神史的な起源は、古代ギリシャ（歴史に残っているのはアテナイ）における悲劇の上演が、市民の政治教育のための討議の場だった「記憶」にあるのではないかと推測される。劇場に対して多額の資金が財政支出される。アメリカの場合は、

ドイツやフランスのような公的資金の投入ではなく、非営利団体による運営が中心である。都市や地域ごとに目的も運営も多様で、ブロードウェイへの登竜門とされている場合もあれば、演劇コースのある大学と連携して前衛的演劇を育てることを目ざしているケースもある。

日本の場合は本文のような経緯から、演劇を公共的な財とする考え方が育たなかった。アメリカの占領政策も、劇場改革までは届かなかった。高度経済成長の影響で、ハコモノとしての公共施設は建設されるようになったが、政府がソフトにまで視野を広げ始めたのは一九八〇年代からだった。また多くの演劇人に、政府の文化芸術政策によって支援されることに七〇年代までは抵抗感が強かった。

＊5　福田恆存（1912-1994）文芸評論家、劇作家、翻訳家。D・H・ロレンスの『チャタレイ夫人の恋人』の翻訳者。頑なに旧仮名遣いを通し、論壇も文壇も演劇界も進歩派優勢だった一九五〇年代から保守派として論陣を張った。全面講和を主張して政府与党と対立した平和問題談話会を批判した「平和論の進め方についての疑問」（『中央公論』五四年一二月号）は物議を醸した。『正論』の刊行を産経新聞社に提言したのは、福田恆存、田中美知太郎、小林秀雄であるという。シェイクスピアの作品を数多く翻訳している。SCOTのマクベスの台詞も福田訳である。

＊6　劇団協議会は演劇界の統括団体。正式名称「日本劇団協議会」。結成時から「新劇団協議会」を名乗ってきたが、一九九二年六月、文部省認可の唯一の現代演劇の団体として社団法人化するに当たり、名称変更した。「日本」がついたことと「新」をなくしたことには意味があった。政府や自治体とのパートナーシップを進めるために、「日本」がないこと、「新」があることで左派・進歩派と見なされるのが望ましくないという判断が働いていたと推測される。すでに保守派であった浅利慶太は劇団四季の代表者として、新劇団協議会に積極的に関与していた。社団法人化に際して「新」を取ることに反対し、脱退したのはそれも理由のひとつであったという。

＊7　第Ⅰ章註17参照。

いたことが思い出される。

水戸芸術館・三井フェスティバル

鈴木忠志は、「業界」とは無縁に水戸市の芸術施設の設立に関与した。当時の佐川一信水戸市長は、地域の芸術振興のために水戸芸術館の創設に熱意を燃やし、市の予算の一％を芸術館の管理運営に充てた。水戸芸術館は日本の公共劇場の先駆的な事例となった。三井不動産の総帥江戸英雄は、茨城県出身だったこともあってこの劇場の創設を支援した。

一九九〇年に完成した水戸芸術館の館長と音楽部門の総監督は吉田秀和[*8]、美術部門の総監督は中原佑介[*9]、演劇部門は鈴木忠志、水戸芸術館の建築設計は鈴木の盟友磯崎新[*10]が担当した。水戸市が芸術監督制を採用したこと自体が日本の演劇界に対する日本初の実験であった。鈴木にとっては、ヨーロッパ型の、企画立案と執行権、予算編成権、人事権をもつ、後の静岡県舞台芸術センター（SPAC：Shizuoka Performing Art Center）の芸術総監督への不可欠のステップとなった。

公共劇場と並ぶ芸術・芸術家の育成事業の柱は公共助成である。この国には、長い間、国や自治体の芸術助成システムが存在しなかった。助成が始まっても、主要な目的は長期的な才能の育成や、優れた芸術家や芸術家集団の支援ではなく、単年度事業の赤字補塡だった。モデルは、一般企業の経営危機の軽減に過ぎない。鈴木は折に触れて、助成システムの根底的な転換を政治家や官僚に提案してきたが、成果は必ずしもはかばかしくない。

一九八八年には、鈴木は三井グループの企画（三井物産が主導）である三井フェスティバル東京の芸術総監督に就任する。三井フェスティバルは、この時期の、最も評価の高い国際舞台芸術フェスティバルとなった。だが、企業の芸術活動支援事業[*11]（メセナ）も、サントリー、セゾン、主婦の友（カザルスホール）、アサヒビールなど極めて限られていた。ようやく企業のメセナ協議会ができるのはバブル崩壊直前の一九九〇年である。

＊8　吉田秀和（1913–2012）広範な知的領域に造詣の深い高名な音楽評論家。日本人の音楽評論家で初めて個人全集が刊行された。水戸芸術館では館長と音楽部門の芸術総監督をつとめ、小澤征爾を音楽顧問に招いて水戸室内管弦楽団を創設した。

＊9　中原佑介（1931–2011）高名な美術批評家。京都大学の理学部物理学科大学院で湯川秀樹研究室に在籍していたという異色の経歴を持つ。一九九〇年に水戸芸術館美術部門の芸術総監督となるが、六ヶ月で辞任した。

＊10　磯崎新（1931–）グローバルに活躍する建築家。丹下健三門下。ポストモダン建築の牽引者。批評活動も精力的に行ってきた。鈴木忠志と親交があり、利賀山房、新利賀山房、野外劇場など、利賀芸術公園の劇場や水戸芸術館、静岡県舞台芸術センターの諸施設（静岡芸術劇場、野外劇場「有度」、屋内ホール「楕円堂」など）を設計した。一九九六年、ヴェネツィア・ビエンナーレ建築展金獅子賞。

＊11　企業の社会還元を倫理と考える慣行に乏しい日本の企業社会では、芸術活動支援事業（メセナ）はながらく定着せず、幾つかの例外を除いて、文化芸術活動への支援は税金対策程度にしか考えられてこなかった。セゾン、アサヒビール、主婦の友、サントリーなどが先駆的である。

2　世界批評の演劇

『バッコスの信女』から『ディオニュソス』へ

一九九〇年、水戸芸術館ACM劇場が開館した。新堀清純、三島景太、貴島豪、奥野晃士、久保庭尚子、舘野百代など、鈴木の芸術監督時代に専属劇団ACMに入団した俳優の多くは、後年、SPACの中心俳優になる。ACMにはこのほかに、トム・ヒューイット、吉行和子、夏木マリなどが参加した。

ACMでの注目すべき舞台はまず『ディオニュソス――おさらば教の誕生――喪失の様式をめぐってI』である。戯曲は一九七八年に岩波ホールで上演されたエウリピデスの『バッコスの信女』であるが、ACM公演で改題された。改題は、重大な主題の深化の投影だった。この作品については第Ⅳ章などで言及したので、ここでは鈴木の演出ノートの一節を引用しておく。

エウリピデスはディオニュソスを舞台上に登場させ、登場人物のひとりとしてことばを話させたが、私の『ディオニュソス』においては（…）神それ自体として存在していたのではなく、むしろ他者をまき込むことを必要とする集団に存在し、人々を精神的に統制しようという集団の意志が、『ディオニュソス』という〝神＝物語〟を創造したのだという

『ディオニュソス』

のが、ここでの解釈である。[*12]

本橋哲也は、二〇一八年に上演されたSCOTの日本語俳優内藤千恵子（アガウエ）、中国語俳優田冲（ペンテウス）以外、すべてインドネシア語圏域の俳優によって演じられた舞台に対する批評を次のように結んでいる。

（…）『ディオニュソス』が舞台に実現するのは、（…）小アジアの西端にあった「蛮夷の国」であるリュディア／インドネシアからやって来た異郷／異教の神々が、その身体と声によって、暴力機構を独占しながら太平の夢に溺れたギリシャ／日本の言語と文化を侵略する、類まれな宗教的にして政治的な寓話なのである。[*13]

それは政治宗教（としてのキリスト教、ユダヤ教、イスラム教、神道等）に対する批判であることを通じて、絶対的権威（神）によって自己を正当化するナショナリズム幻想批判ともなっている。

『イワーノフ』——日本の左派の末路

一九九一年には『マクベス——おさらば教の隆盛——喪失の様式をめぐってⅡ』が初演される。これについては次項で『世界の果てからこんにちは』とともに言及するので、ここでは九二年初演の『イワーノフ——おさらば教の道草——喪失の様式をめぐってⅢ』に注目したい。

チェーホフの原作から鈴木は、主題に必要な要素だけを取り出して上演台本を構成した。「実在」の人物はイワーノフと配偶者のアンナだけ、二人が対峙するのは最後に近い場面の決定的瞬間で、それまではイワーノフの幻想の中の人物との対話が続く。幻想上の人物は、みな籠に入っている。籠男たちは、地主の家に出入りする俗物の隣人だ。籠女はイワーノフと恋仲の、アメリカへの逃亡を夢見る若い娘のサーシャである。

イワーノフは一九世紀ロシア・インテリゲンツィアの典型で、私財を擲《なげう》ってロシアの農奴解放に挺身するが、「ロシア的停滞性」の岩盤に突き当たって挫折し債鬼に追われる羽目になる。人種差別と闘う志でユダヤ人女性アンナと結婚したが、周囲からは財産目当てと謗《そし》られ、アンナもそれを信じるようになり、夫婦間の諍いが絶えず、若いサーシャに惹かれてゆく。イワーノフは鬱の極みに達する。アンナは結核で命旦夕に迫っている。

アンナの罵倒に耐えきれなくなったイワーノフは「黙れ、ユダヤ人!」と口走る。理想に燃えて社会変革に挑んだインテリが、致命的な差別感情に溺れるのだ。平等主義者か左派の日本

---

*12 鈴木忠志「『ディオニュソス』演出ノート　物語の誕生」、「鈴木忠志構成・演出作品」、SCOT公式サイト。https://www.scot-suzukicompany.com/works/03/

*13 本橋哲也「はるばると蕃夷の国より」『利賀から世界へ』一〇号、二〇一八年、七九頁。

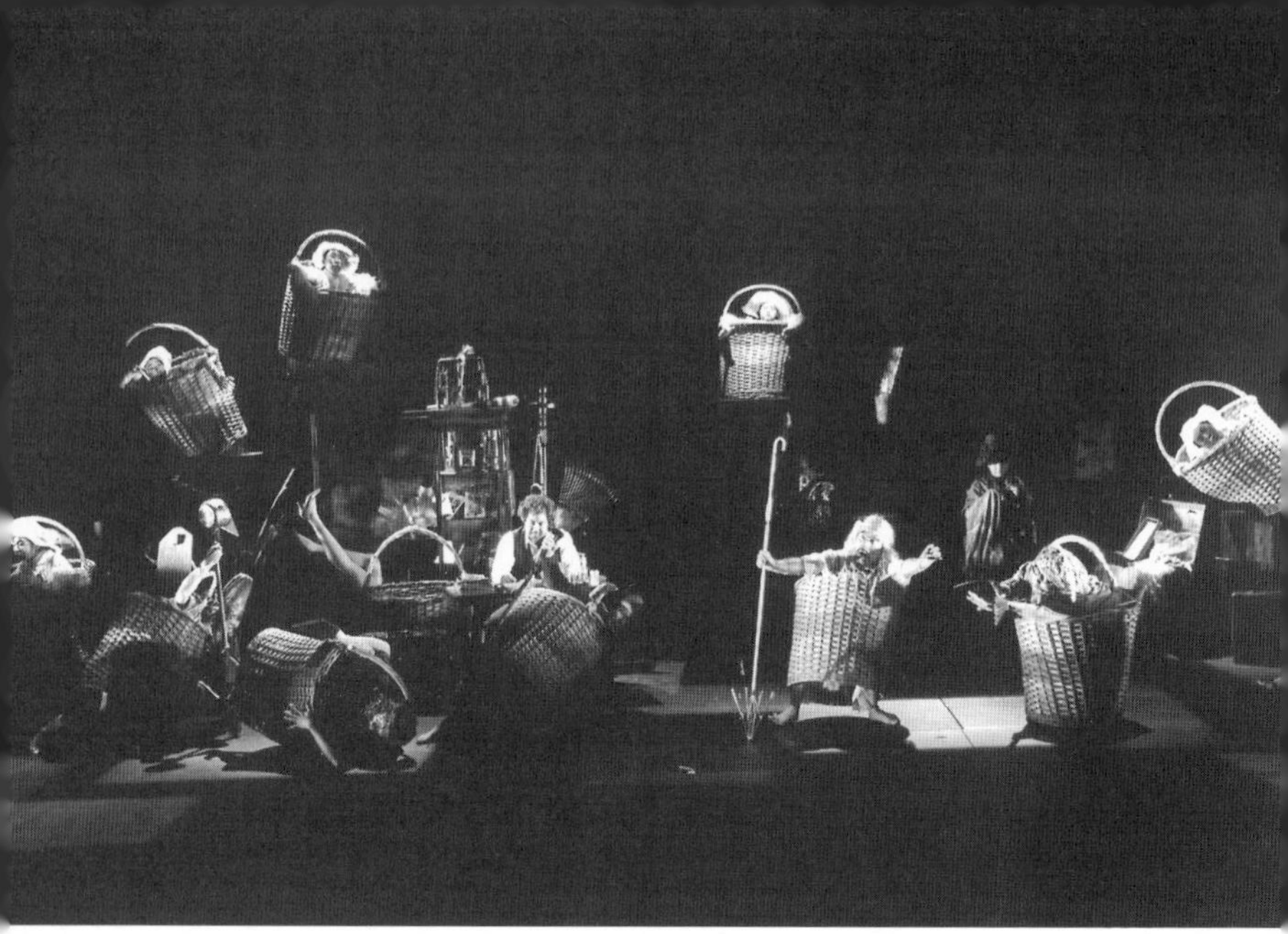

（上）『イワーノフ』、（下）『世界の果てからこんにちは』

人が「エタ」とか「チャンコロ」と罵倒するのと相似である。

鈴木の演出意図には日本の左派・革新派インテリ批判が重ねられている。ACM（水戸芸術館）の舞台では、イワーノフの書斎に『改造』『中央公論』など、いかにも戦前インテリの読みそうな雑誌が置かれていた。私が見た舞台は一九九三年、一年後の再演だった。ソ連崩壊のあと、左派の根底的再審が不可避となっていた時代である。私はイワーノフの世界を「必要とする者」として客席にいた。限りなく〈嫌なもの〉を見たと思った。舞台から〈おまえはイワーノフの同類だ〉というメッセージを受け取ったからだ。私ごときが「新旧左翼」を代表する必要はないのだが、左派のはしくれとして、イワーノフの造形には胸苦しさを覚えた。同時に、世界を変える志が直面する難関に介入できる演劇があると知ったのは、この上なく貴重な経験だった。私はこの年から、利賀とACMに足を運ぶようになった。[*14]

『マクベス』と『果てこんI』

利賀の野外劇場で『世界の果てからこんにちは』（通称「果てこん」。二〇二〇年夏に『世界の果てからこんにちはII』という別バージョンが初演されたので、以下『果てこんI』と表記する）が

＊14　二〇二一年現在、私は利賀芸術公園には今もほぼ毎年、出向いている。ACMには、鈴木がSPACの芸術監督に就任し、主要な俳優がSPACに移籍した後は出向かなくなった。

初演されたのは一九九一年である。同じ年、水戸で初演された『マクベス』の核心は『果てこんⅠ』に吸収されている。そのためかどうか、この作品はACMの初演以後国内ではおそらく上演されていない。「喪失の様式をめぐってⅡ」と銘打たれた『マクベス』の主人公の覇権の「喪失」こそが『マクベス』の最終景である。同時にそれは『果てこんⅠ』の終景でもある。『果てこんⅠ』は、次のように構成されている。

Ⅰ　車椅子に座る「男」がいる。「ピチカート・ポルカ」が流れ、箒を持つ僧侶姿の「籠男」の一群が登場し、舞台を掃きながら「男」の周りで、大量の下痢の原因は消化不良か消化過剰かと埒もない議論を執拗に反復する。「男」は「日本」の歴史と記憶に強烈な執着を抱いている。脳裏には次々と、その執着が喚起する観念や光景が浮かび上がる。

Ⅱ　小川順子の「夜の訪問者」が流れ、「男」の介添え役の子どもが手押し車に食事を載せて登場し「男」の世話を焼く。「男」が食事を始めると僧侶は去り、車椅子に乗った男の一群が舞台を横切る。

Ⅲ　花火が上がり、池の彼方に山がライトアップされ、「五箇山村分村の歌」のハミングが流れる。[*15]

「男」は奇人数学者、岡潔のエッセー「日本人のこころ」の一節（「日本民族の起源は三〇万年位前であって、其の中核は神々であって、これは他の星から来たと思っている」など）

を語り始める。[*16] 語りのさなか、車椅子の男たちが今度は「歴史よ」とベケットの『カスカンド』の台詞を語りつつ登場し[*17]「分村の歌」を歌って退場する。

Ⅳ

伊藤久男の歌う「海ゆかば」の前奏が流れる。[*18] 歌をバックに「男」は「終戦後、天照大御神は再び天の岩戸にお隠れになった」と岡潔のエッセーの別の箇所を語り出し、子どもと「海ゆかば」を歌う。花火が上がるとペレス・プラードの「ブードゥー組曲」が流れ、紅白幕を纏う女たちが長い裾を引きずりながら舞台を横切る。入れ替わりに車椅

＊15　五箇山村の「分村の歌」の一番の歌詞は「人多くして、土地狭き、／わが日本の悩みをば、／我らが腕もて拓かなん。／いざ赴かん、新天地、／我らの闘魂火と燃えり」（『鈴木忠志演出・台本集Ⅲ 世界の果てからこんにちは／帰ってきた日本』SCOT、二〇一二年、四一頁）。ただし、同頁脚注4によると、「我らの闘魂」は元歌では「五箇の闘魂」である。三三頁脚注1によると、五箇山とは富山県庄川の上流、平、上平、利賀の三村。市町村合併で消滅し、利賀のみ名称が残った。この地で行われた「分村」は敗戦直後のことのようだが、「分村移民」の起源は満蒙開拓に遡る。この歌の歌詞も、祖国を離れて分村し、満蒙開拓に赴くという状況にも通じるものがある。

＊16　岡潔「日本人のこころ」（『太陽』一九六九年一月号）のものから、一部変更して引用されている。

＊17　台詞はベケットの原作から一部変更されている。『カスカンド』は一九六三年、放送劇として書かれた。『ベケット戯曲全集』第二巻（白水社、一九六七年）に収録。同書後書きによれば、仏文学者安堂信也と英文学者高橋康也が、二ヶ国語の原作からそれぞれ訳出し、推敲したという。

＊18　「海ゆかば」は歌詞は大伴家持（万葉集）、信時潔作曲、一九三七年。「海行かば　水漬《みず》く屍《かばね》　山行かば　草生《くさむ》す屍　大君の　辺《へ》にこそ死なめ　かえり見はせじ」。

右ページ：
『世界の果てからこんにちは』
利賀山房野外劇場／1991年

子の男の一団が「明るすぎる夜」と、『カスカンド』の別の箇所の台詞で登場し「男」を包囲する。

舞台は梅崎春生の『砂時計』の一場面になる。[*19]「男」は「養老院」の院長、車椅子の一団は入所者になる。院長が施設の良さを自慢すると、入所者たちは劣悪な待遇に抗議の声を上げる。居住スペースを一人二畳から三畳に戻せという要求に、それは戦前の約束だ、日本は負けたのだからムリだと答えた途端に、院長に戦時の記憶が甦る。

V

「男」の耳にはマクベス夫人の「あの人達は、もうみんな埋葬されました。墓の中から出てくるわけはないじゃありませんか」という台詞が響き渡る。花火が上がりシンガポール陥落の英語のニュースが流れる。反転して東京大空襲か特攻隊出撃のような空気

*19　梅崎春生『砂時計』（一九五五年）のなかの会話が、一部変更されて引用されている。山村武善は「〈戦前《ファシズム》〉と〈戦後《デモクラシー》〉の〈間《インターナショナル》〉で考える」（前出『鈴木忠志演出・台本集Ⅲ』解説）で次のように述べている。

「梅崎はこの作品で、戦中から戦後へと帰還した人々が、生活の場を確保するために、己の欲望を剝き出しにして右往左往する様を、グロテスクな喜劇として描き出したわけだが、しかし、それらの登場人物たちは、ついに戦後という場所に器用に着地することができないまま、みずからのエネルギーに翻弄されるようにして、回帰してきた過去の亡霊（その一人がこの院長であり、それは敗戦前後の軍隊で避けようもなく出会ったあの特異な人物たちの矮小化された姿に他ならない）と無理やりに関係させられるのである」。

が醸し出される。入所者たちも死者の幻影なのだろう。彼らは「分村の歌」を歌って去る。子どもは「男」に「まだ幻を見るのかい」とベケットの『勝負の終わり』の一場面の台詞を語りかける。[*20]話の種は、日本に灯はついているか、アメリカを誰が「埋葬」するか、日本は今も美しいか、などなどである。

VI　突然、島倉千代子の「からたち日記」の前奏が流れ、下手から傘を差す白衣の花嫁が現れ、上手に向かう。「僧侶」たちが出てきて椅子に座る。子どもは「からたち日記」の歌に和して踊る。花火が上がると紅白幕を纏った女たちが、上手、下手から分かれて登場し舞台を横切る。花嫁が去ると「男」は「みんなで歌って」と促す。「男」や子どもとともに僧侶も歌う。歌の中で紅白幕の女たちが去る。「男」は「日本の歌はじつにいい。おれも踊るぞ」といって「船頭小唄」を歌い、[*21]子どもとともに踊る。

VII　「男」にマクベスが憑依し死出の戦を前にした台詞「もう、報告はいらぬ、逃げたいやつは逃がしておけ」を語り始める。マクベス夫人の死と「男」のこだわる日本の「滅び」が重なる。マクベスすなわち「男」の懸念は、夫人すなわち「日本」の病である。「ところで日本はどうだな? 日本をなおしてやってくれ」と「男」は「僧侶」に語りかけるが「僧侶」は答えない。

VIII　「日本がお亡くなりに」という報告を受けると、[*22]セルジオ・オーブリー作曲「バーントガーデン」が流れ、「僧侶」たちはマクベスを見捨てて去る。「日本もいつかは死なねばならなかった」という悲愴な台詞が語られるさなか、「歴史よ」と『カスカンド』の台詞を語りながら車椅子の一群が進んでくる。

あとは壮大な花火の饗宴となる。

保守の滅び・革命の滅び

先般、初演の映像を見て、介添人役は成人のアメリカ人俳優が演じたことを知った（役名は『マクベス』に従って「シートン」）。その後、久保庭尚子（ACM⇒SPAC）が世話女房ふうに演じるようになった（役名は「春子」）。二〇一一年からは「子ども」という設定で中村早香が演じ、近年は「娘・早香」と表記されるようになっている。

舞台は観客が日本および日本人について考えることを強制する。初演はバブル末期、最初は

＊20　台詞はベケットの原作から一部変更されている。『勝負の終わり』は一九五七年作、上演。前出『ベケット戯曲全集』第二巻に収録。
＊21　野口雨情作詞、中山晋平作曲、一九二一年。一番の歌詞は「俺は河原の枯れすすき　おなじお前も枯れすすき　どうせふたりはこの世では　花の咲かない枯れすすき」。
＊22　原作では、「日本が」のところはマクベス夫人の死の報告なので、「お妃が」とか「お妃さまが」という台詞が入る。

冗談のつもりで「日本がお亡くなりに」という台詞を入れたと鈴木はいう。しかし、一九九四年に初演された『帰ってきた日本』にもすでに「滅び」の危機意識が投影されている。[*23] この形での上演は一回限りで、換骨奪胎されたバージョンが次々上演されるのは二〇一〇年以後であるが、九〇年代に日本の「滅び」をすでに念頭に置いていたのは先見の明というべきだ。

『果てこんI』と九四年の『帰ってきた日本』上演は、戦後の〈保守〉のアポリアへの再審であり、『イワーノフ』の左派批判と対をなしている。六〇年代、鈴木忠志の演劇はこういう〈大きな物語〉の行方を直接あげつらうことから最も遠い位置にいた。[*24] ラディカリズムへの挽歌を奏で尽くしたのは現代人劇場・櫻社・第七病棟、革命の演劇を標榜したのは68／71時代の黒テント、「運動を消し炭で塗り潰す」と語りながら、実は〈大きな物語〉の行方を問い続けていたのが状況劇場時代の唐十郎だった。九〇年代以降、フェーズが一転し、大きな物語のゆくえを問う演劇の前線に鈴木忠志が立ったのである。

3　SPACへ――活動のウィングの拡大

シアター・オリンピックス／BeSeTo演劇祭

この時期、鈴木は活動のウィングをさらに広げた。一九八八年にはアメリカ四劇団合同制作による『リアの物語』を全米で一四七回上演した。一九九二年には演出家アン・ボガートと共同でSITI（Saratoga International Theatre Institute：サラトガ国際演劇研究所）を設立し、日米二ヶ国版の『ディオニュソス』を上演した。

一九九四年にはギリシャの演出家テオドロス・テルゾプロスの提唱により、シアター・オリ

＊23　『帰ってきた日本』の最初のバージョンは、一九九四年に上演され、そのまま十数年再演されることがなく過ぎた。新しいバージョンが上演されたのは二〇一〇年、そのときの題名は『新帰ってきた日本』となった。内容はかなり改変され、劇中劇は長谷川伸作『沓掛時次郎』と『関の弥太っぺ』をベースに構成された。これが前出『鈴木忠志演出・台本集Ⅲ』に収録された『帰ってきた日本』の第二部となる。第一部は二〇一一年に上演されたバージョンで、長谷川伸作『瞼の母』がベースになっている。第一部・第二部とも新しいバージョンについては第Ⅶ章を参照されたい。

＊24　六〇年代に、それぞれの方法でこの時代の「大きな物語」の主題に挑んでいたのは状況劇場、天井桟敷、演劇センター68／71（のちの劇団黒テント）、現代人劇場・櫻社などだった。現代人劇場・櫻社はすぐに解散し、天井桟敷は寺山修司の死で一つの画期を迎え、状況劇場は唐組に改組されて、ややノスタルジックに状況劇場の時代の主題を反復する傾向をみせはじめ、黒テントがテントの現物を畳んでからは、アウグスト・ボワール『被抑圧者の演劇』等の影響下で、「アジア演劇」をスローガンにフィリピンの民衆演劇グループPETAやタイの水牛楽団と交流を試みたりするようになり、抽象度の高い大きな物語との対決すなわち正面からの世界批評が必ずしも集団のテーマとはいえなくなった。

ンピックスを創設した。第一回は一九九五年、ギリシャで行われ、鈴木は『エレクトラ』（デルフォイ）、『ディオニュソス』（アテネ）を上演した。

ちなみにこの演劇祭は、国際委員の共同作業によって企画・立案されることを特色としている。発案者はテオドロス・テルゾプロスである。ベルリンの壁の崩壊の後、地域紛争が拡大していた二〇世紀末に、芸術家の共同事業による舞台の上演と次世代に向けた教育プログラムを実施することを目指して、一九九四年、テルゾプロス（ギリシャ）、ヌリア・エスペル（スペイン）、ユーリ・リュビーモフ（ロシア）、鈴木忠志（日本）、ロバート・ウィルソン（アメリカ）、アントゥネス・フィーリョ（ブラジル）、トニー・ハリソン（イギリス）、ハイナー・ミュラー（ドイツ）によって「憲章」が結ばれた。

ミュラー、リュビーモフ、フィーリョはすでに亡い。国際委員には後から、ユルゲン・フリム、ヴァレリー・フォーキン、ジョルジュ・ラヴォーダン、ウォレ・ショインカ、ラタン・ティヤム、チェ・チリム　リュー・リービン（劉立濱）、ヤロスワフ・フレット、ジョルジオ・バルベリオ・コルセッティが加わった。

これまで、ギリシャ（デルフォイほか二都市、一九九五年）、日本（静岡、一九九九年）、ロシア（モスクワ、二〇〇一年）、トルコ（イスタンブール、二〇〇六年）、韓国（ソウル、二〇一〇年）、中国（北京、二〇一四年）、ポーランド（ヴロツワフ、二〇一六年）、インド（ニューデリーほか一六都市、二〇一八年）で開催され、二〇一九年に日本（利賀、黒部）とロシア（サンクトペテルブルク）で共同開催した。日本開催の芸術監督は鈴木忠志だった。静岡開催の九九年は、ちょうどＳＰＡＣ（静岡県舞台芸術センター）の草創期で、静岡芸術劇場、グランシップ[*25]の中劇場、野外劇場「有度」、屋内ホール「楕円堂」のほか、静岡県内の幾つかの施設も会場となった。鈴木忠志（『シラノ・ド・ベルジュラック』、細川俊夫作曲のオペラ『リアの物語』）のほか、トニー・ハリソン演出の映像作品『炎と詩』、アントゥネス・フィーリョ演出の『トロイアの女』、ユーリ・リュビーモフ演出の『カラマーゾフの兄弟』、ジョルジュ・ラヴォーダン演出のブレヒト『小市民の結婚式』、ロバート・ウィルソン演出のオペラ『蝶々夫人』などが上演された。

同じく一九九四年には、韓国国際演劇協会（ＩＴＩ）会長の演出家金義卿の提唱により日中韓三国共同のＢｅＳｅＴｏ演劇祭を創設した。ＢｅＳｅＴｏとはBeijing、Seoul、Tokyoである。三国の主権国家の代表者が揃って外交のテーブルに着く前のことだ。政治的に疎遠な東アジア三国の、演劇による共同事業を提案したのは金義卿の卓見だった。これに中国の中央戯劇学院院長の徐曉鐘、日本の鈴木忠志が応じたものだった。三人の演出家の共同声明には、この演劇祭が単に作品上演による交流ではなく、三国共同の「文化会議」であると謳われた。これは画期的なことだった。第一回はソウルで行われ、日本からは鈴木演出の『リア王』が参加した。

＊25　東静岡駅前に静岡県が作った施設。グラン（Grand）というフランス語とシップ（Ship）という英語を合成した愛称。大きな船を意味する。

鈴木の後の日本の代表委員は、石澤秀二、高田一郎、宮城聰、平田オリザを経て現在、鳥の劇場の中島諒人が務めている。

演劇人会議の設立

以下、本章の時期区分からははみ出るが、前項につづけて鈴木の国際的活動を見ていこう。

一九九六年には、①芸術家主導の劇場の設立と運営、②演劇の東京一極集中状況の克服、③演劇の国際共同事業の推進、④既存の演劇教育の再編、⑤機関誌による継続的な意見表明、を掲げた演劇人会議が、当初任意団体で設立され、鈴木は代表に就任した。

二〇〇〇年、財団法人国際舞台芸術研究所が財団法人舞台芸術財団演劇人会議（ＪＰＡＦ：Japan Performing Arts Center）に改組された。自治省（当時）と文化庁共管の財団で、主たる事務所は利賀村に置かれた。当時は、地方分権・地域自立の機運が醸成され、東京一極集中への批判が高まっていた時期だった。またバブル期に建設が決定された公共ホールの竣工が相次いでいた。[*26] 史上初めて、公共的な位置を演劇という芸術ジャンルが獲得できる希望が広がった時期でもあった。

演劇人会議は任意団体の時からＢｅＳｅＴｏ演劇祭の実施の責任を負った。中国現代演劇の名舞台の一つである李六乙作演出の『非常麻将』、韓国を代表する演出家林英雄の演出による『ゴドーを待ちながら』など優れた舞台を日本に招聘した。演劇人会議の最大の事業は、演出家の育成・支援を目的とする利賀芸術公園での「演出家コンクール」（のち「演劇人コンクール」に改名・改組）である。また、アン・ボガート、オレグ・タバコフ、呉泰錫、ラタン・ティヤムなどによるワークショップの開催、スズキ・トレーニング・メソッド（アメリカのジュリアード音楽院で、スズキ・トレーニング・メソッドを教えてきた俳優エレン・ローレンらが指導した）による俳優訓練なども企画した。

SPACを起点に

一九九五年、鈴木は静岡県舞台芸術センター（SPAC）の芸術総監督に就任する（もっとも、SPACの活動が公衆の目に触れるのは静岡県舞台芸術公園がオープンする一九九七年からである）。公立の劇場が次々誕生するにつれて、「芸術監督」を名乗る演出家が次々に出現したが、企画の立案執行権だけでなく、予算編成権、人事権をもつ芸術総監督はほかには存在しなかった。行政は絶対に財政と人事を手放さなかったし、演劇人はそれが生命線であることを理解していなかった。理解していても実現できなかった。

＊26 バブル経済は一九九二年に崩壊しているのに公共ホールが九〇年代後半から二一世紀にかけて次々建造されたのは、好況期もしくはバブルの崩壊に気づかない時期に地方議会での決議が行われ、景況が下降してから建造が進むというケースが頻出したためと推測される。

一九九七年、野外劇場「有度」と「楕円堂」（磯崎新設計の小劇場空間）のある静岡県舞台芸術公園が開場し、記念公演に楕円堂で『リア王』が、有度では『ディォオニュソス』が上演された。一九九九年には東静岡の静岡芸術劇場が開場した。記念公演は太宰治原作『カチカチ山』と『ディオニュソス』だった。SPACでの仕事の詳細については次章に譲ることとし、ここでは、この時期の鈴木の活動範囲の拡大の軌跡を追うことにする。

鈴木は一九九八年には、作曲家細川俊夫との共同作業でオペラ『リアの物語』をミュンヘン・ビエンナーレで上演した。一九九九年には第二回シアター・オリンピックスが静岡で開催された。先にも言及したが、鈴木の作品はこの『リアの物語』と『シラノ・ド・ベルジュラック』（野外劇場）、『リア王』（静岡芸術劇場）が上演された。このほか、トニー・ハリソン、アントゥネス・フィーリョ、ユーリ・リュビーモフ、ジョルジュ・ラヴォーダンなどの演出作品を含む二〇ヶ国、四二作品が参加した。

二〇〇一年にはモスクワで、ボリショイ・オペラなどの歌手によって『リアの物語』を上演した。二〇〇二年には、ドイツの俳優による『オイディプス王』をデュッセルドルフ市立劇場で上演した。この作品はギリシャのエピダウロス古代劇場にも招かれた。二〇〇三年には、国際スタニスラフスキー財団からスタニスラフスキー賞を受賞する。二〇〇四年には、二〇〇一年ロシアで開催された第三回シアター・オリンピックスの際の、プーチン・鈴木忠志会談が機縁で「日露文化フォーラム」が創設され、ロシア人俳優による『リア王』がモスクワ芸術座のレパートリー（定期公演演目）となった。

同年、ケンブリッジ大学が刊行する〝二〇世紀をリードした演出家・劇作家二一人〟のシリーズに、フセヴォロド・メイエルホリド（露）、ベルトルト・ブレヒト（独）、ジョルジョ・ストレーレル（伊）、ピーター・ブルック（英）、アリアーヌ・ムヌーシュキン（仏）、ロバート・ウィルソン（米）などとともに選ばれ、『The Theatre of Suzuki Tadashi』のタイトルで出版された。[*27] 二〇〇六年には、新国立劇場で『シラノ・ド・ベルジュラック』『オイディプス王』『イ

＊27 〝二〇世紀をリードした演出家・劇作家二一人〟とは、アンドレ・アントワーヌ（フランス）、アドルフ・アッピア（スイス）、イングマール・ベルイマン（スウェーデン）、ロジェ・ブラン（フランス）、ベルトルト・ブレヒト（ドイツ）、ピーター・ブルック（イギリス）、ジョゼフ・チェイキン（アメリカ）、ジャック・コポー（フランス）、ゴードン・クレイグ（イギリス）、フセヴォロド・メイエルホリド（ソ連、現ロシア）、アリアーヌ・ムヌーシュキン（フランス）、ハロルド・プリンス（アメリカ）、マックス・ラインハルト（ドイツ）、ペーター・シュタイン（ドイツ）、ジョルジョ・ストレーレル（イタリア）、アンジェイ・ワイダ（ポーランド）、ロバート・ウィルソン（アメリカ）、鈴木忠志（日本）、ジョアン・リトルウッド（イギリス）、タイロン・ガスリー（イギリス）、コンスタンチン・スタニスラフスキー（ソ連、現ロシア）で全巻揃うと二一冊になる。
なぜ、リー・ストラスバーグ（アメリカ）、タデウシュ・カントール（ポーランド）、イェジー・グロトフスキー（同）、ジャン＝ルイ・バロー（フランス）、ハイナー・ミュラー（ドイツ）、ユーリ・リュビーモフ（ソ連、現ロシア）などが含まれないのか、といったケンブリッジ大学的バイアスへの疑問は残るが、いずれも演劇の歴史を作った劇場人であることは間違いない。

ワーノフ』『リア王』の四作品を連続上演した。二〇〇七年、SPAC芸術総監督退任の年には『エレクトラ』をユーリ・リュビーモフが芸術総監督を務めるタガンカ劇場で演出した。『エレクトラ』はこの劇場のレパートリーとなった。

演劇の四分類

鈴木ほど世界の演劇に通じた日本語圏の演出家はほかにいない。浅利慶太は偉大な演出家だが、四季のミュージカルは新劇同様の輸入文化である。また、「世界の蜷川」の訓練を受けに何百人もの俳優は日本には来ない。[*28] ほかは推して知るべしである。誰も『リア王』をリアリズムの殿堂モスクワ芸術座のレパートリーにして、アンチリアリズム演劇のリベンジをしなかった。[*29] 誰もアカデミズムの基準で「二〇世紀を代表する演出家」に選ばれていない。誰も芸術監督として公共劇場運営のモデルを作っていない。

私は、こういう演出家の作品だけを演劇だと言いたいわけではない。ただ絶対に譲れない評価の基準が私にはある。

私は、演劇を四つの範疇に分類している。範疇1は世界を解読する思想（魂）と技芸の質が問われる「純粋芸術」である。観客はこれを必需としている。範疇2は「大衆芸術」としての演劇である。（…）市場の演劇だ。これも上演主体と、娯楽を求める多数の観客が必需としている。(…)

範疇3は、1でも2でもなく、かつ、様々な意味で人々に「必需」とされる演劇である。(…)鶴見俊輔の言う「限界芸術[*30]」だ。(…)

問題は1にも2にも3にも属さない4番目の演劇である。実は「業界」の演劇の大半がこれだ。旧新劇系も旧アングラも旧八〇年代小劇場系も大同小異である。これらは、多くの場合本人たちは第1の積りでいながら、実は第2でも第3でもない、どうでもいい範疇4の演劇だ。[*31]

＊28　第I章冒頭の演出家の〈器〉を論じた個所を想起してほしい。

＊29　日本の新劇(小山内薫)は、スタニスラフスキーが生み出し実践したリアリズムの方法で舞台を作ったモスクワ芸術座を規範とした。そのモスクワ芸術座が数十年を経て、モスクワ芸術座とは全く異なる方法で俳優を訓練し、舞台を作ってきた反リアリズムの鈴木忠志に、モスクワ芸術座の俳優を使った『リア王』の演出をオファーした。それは日本の身体文化の圏域で生まれた鈴木忠志の方法による演劇と、モスクワ芸術座の方法や舞台水準との間に、かつては歴史的に動かし難かったロシアと日本の「上下関係」がもはや存在しないことを自ら認めたことにほかならない。リベンジとはそういう含意である。

＊30　鶴見俊輔『限界芸術論』(鶴見俊輔集　第六巻)参照。この中で鶴見は、純粋芸術・大衆芸術・限界芸術という区分を用いて芸術を分類している。

新劇もアングラも範疇3から1を目ざした。範疇2はどれだけ高い質の消費財かということだけが問題だ。範疇3は、その演劇に関わる者にとってどれほど「必需」かということだけが問題だ。労働者演劇、学生演劇、在日外国人や身体障害者の解放運動のための演劇、精神疾患の治療や交流のための演劇など、演劇を媒介とした必需の〈交通〉の輪が存在したし今も存在している。範疇4は淘汰されるべきである。

範疇1を目ざすのなら、世界に通じるかどうかを問われる。その課題に最もよく応えたものが最も高く評価されるというまでのことだ。

＊31　拙稿「〈無頼の演劇〉への応援歌」、水族館劇場パンフレット『報告・凍りつく世界と対峙する藝能の在り処』二〇二〇年、一三頁。

第VI章
SPAC芸術総監督の時代
（1997-2007）

1　SPACでの歌謡劇

扉写真：
上＝静岡県舞台芸術公園
「楕円堂」、下＝同「有度」、
中＝静岡芸術劇場

日本の芸術総監督制

静岡県舞台芸術センター（SPAC）は、日本で初めての大規模な公共劇場のモデルケースであった。SPACでは企画の立案執行、人事、予算編成の権限を専有する芸術総監督が運営の全責任を負い、統一的な演技のメソッドを持つ専属劇団があり、俳優やスタッフの養成が行われた。当初の数年はSPAC専属のダンサーがおり、ジャン＝クロード・ガロッタがダンス部門の芸術監督を務めた。

一九九七年には、新国立劇場と世田谷パブリックシアターも開場した。しかし、新国立劇場には専属劇団も養成機関もなかった。芸術総監督は置かれず、オペラ、舞踊、演劇の各部門の芸術監督が設置されたが、人事権も予算編成権もなく、運営の執行権も制度上は理事長に帰属していた。NHKの番組で論説委員が的確に批判していたことが思い出される。それから長い年月が経過した今も、養成機関が設置されるなど多少の変化は生まれたが基本は変わらない。

世田谷パブリックシアターにも専属劇団も養成機関もなく、芸術監督（初代は佐藤信、現在は野村萬斎）は非常勤スタッフであり、当初は学芸部がドラマトゥルクの機能を発揮したり、地域住民に開かれている点など新国立劇場とは様々に異なっていたが、人事、予算、企画立案の最終権限は館長に帰属している。東京芸術劇場（開場は一九九〇年）は、二〇〇九年、野田秀樹が初代芸術監督に、高萩宏が副館長に就任し、様々な話題を提供する劇場になった（高萩はその後二〇二一年に世田谷パブリックシアターの館長に就任）。彩の国さいたま芸術劇場は蜷川幸雄芸術監督の下でのシェイクスピア戯曲連続上演や、コンテンポラリーダンスの招聘事業が話題となった。[*1] 神奈川芸術劇場も話題作を上演して注目されている。しかし、芸術家に運営全体の権限を委ねる運営は絶えて試みられることがない。

口実は常に、芸術総監督制は日本に馴染まないという「日本特殊論」と、今では欧米でも芸術総監督制の非能率さの見直しが進んでいるという言い逃れである。本当の理由は――もちろ

＊1　さいたま芸術劇場の初代芸術監督は作曲家諸井三郎、二代目が蜷川幸雄だった。蜷川の死後、三代目は蜷川演出の主役を務めた俳優吉田鋼太郎が就いている。この劇場の芸術監督も人事権、予算編成権は持たない。一時期、おもにダンス部門の企画で、ウィリアム・フォーサイス、ピナ・バウシュ、トリシャ・ブラウン、ヤン・ファーブルなど世界の一線で活躍する才能が率いるカンパニーを次々招聘した。

ん芸術家の芸術監督としての力量不足という致命的問題があることがこの事態を正当化させてきたことを忘れてはならないが——芸術総監督が全権を持つシステムは、制作者などの権益と国や自治体の担当部門の裁量権に抵触することにある。

『カチカチ山』——歌謡曲に拘る根拠

一九九四年、鈴木忠志は開設準備のためにSPAC芸術総監督に就任するのに先立って、ACMを退いた。また九七年以後、SPACの成果は利賀に反映されたが逆は稀だった。SPACに責任を負う立場を考慮して、利賀からの発信を意識的に抑制したことがうかがわれる。

一九九九年、太宰治の『カチカチ山』が鈴木の構成・演出で静岡芸術劇場の開場記念に上演された（初演は九六年、新利賀山房）。この演目はSPACとSCOTの十八番の一つになる。太宰原作の『お伽草紙』に収められた作品からの鈴木の構成・演出の起源は一九六七年『兎と狸』（立石正道脚色）、『舌切雀』（別役実潤色）に遡る。ちなみに現在の『カチカチ山』には太宰の「舌切雀」の、爺さんにネチネチ文句を言う婆さんのくだりが挿入されている。『カチカチ山』の最新（二〇一六年上演）のバージョンでは、狸はやくざの親分（中国人俳優張天）で、女房（イタリア人俳優キアラ・ナンティ）がおり、「舌切雀」の婆さんの台詞は女房が愛人（竹内大樹）のことで亭主に文句を言う場面で使われている。

『カチカチ山』は、劇作家の特定の作品を中心に据えて様々な趣向を凝らす『別冊シリーズ』

『カチカチ山』

（谷崎、イプセン、別役）の先駆に位置づく。また、患者の狸も看護師の兎も兎のストーカーの医師も登場人物はみな「病人」であるから病院シリーズでもある。また、鈴木演出の歌謡曲劇の起点ともなった。鈴木はこう書いている。

太宰治の『カチカチ山』は男女の関係、中年男の少女に対する一方的な恋心とその失敗の無残なありさまをシニカルに描いたものである。中年男は少女に冷たくあしらわれながらも、少女への思いをこれでもかこれでもかとしつこく語り続ける。そして語れば語るほど、その心情は行動とは裏腹に純情の衣をまとい、少女の自分に対する感情も想像のうちで美化されていく。

これは典型的な歌謡曲の成立過程とそこに流れている情感と同じである。日本の歌謡曲のほとんどが男の作詞作曲であり、その主人公はほとんど女性である。それも男が身勝手に描いた、期待される女の言動が唄われる。[*2]

狸の独りよがりな思いの丈は「男性の作詞作曲」した歌謡曲の「期待される女の言動」と相似形だというのである。女に裏切られるのが当たり前、しかもそれは喜劇以外のものではありえない。歌謡曲劇とまでは言えないものの、鈴木の舞台での歌謡曲の多用は初期の『劇的なるものをめぐってⅡ』（「むらさき小唄」「さらばでござんす」[*3]）や『トロイアの女』（「恋の十字路」[*4]）に遡る。

岩波ホールでの『トロイアの女』の上演の際に、鈴木は西欧の教養を身に着けた旧世代の大知識人から、歌謡曲では人間の奥深い真実は表現できないと忠告されたと聞く。それでも「歌謡曲という立派な大衆音楽」は「ヨーロッパのものなら何でも崇拝といったインチキ知識人に馬鹿にされる種類のものではない」[*5]という鈴木の確信は揺るがなかった。

鈴木にとって歌謡曲は、日本人大衆の知恵の所産であり、それが自身の知的あるいは精神的な営為の基盤であるとともに、批判・再審の対象であることを意味する。一九九八年初演の『悲しい酒』も原作はチェーホフ、イプセンの歌謡曲劇である。そして二一世紀に入って一〇年、歌謡曲シリーズ[*6]（『からたち日記由来』『幻影日誌』『北国の春』『津軽海峡冬景色』）が誕生し、

＊2 鈴木忠志「『流行歌劇 カチカチ山』演出ノート 男の悲哀――流行歌劇への試み」、前出「鈴木忠志構成・演出作品」。https://www.scot-suzukicompany.com/works/07/

＊3 「むらさき小唄」は一九三五年、東海林太郎が歌ってヒットした流行歌。長谷川一夫主演の映画『雪之丞変化』で歌われた。佐藤惣之助作詞、阿部武雄作曲。「さらばでござんす」は一九六九年、都はるみが歌った演歌。それほどの大ヒット曲ではない。丘灯至夫作詞、河村利夫作曲。鈴木が使う演歌の多くは比較的マイナーな、しかし、歌詞やメロディーラインが、いかにも「古い」日本人の琴線に触れると思わせるものが多い。

＊4 「恋の十字路」は欧陽菲菲の一九七三年のヒット曲。橋本淳作詞、筒美京平作曲。

＊5 前出、鈴木忠志「『流行歌劇 カチカチ山』演出ノート」。

＊6 詳しくは第Ⅷ章参照。

歌謡曲演劇の構想が全面開花した。

2 「日本人」との対峙

正義とは強者の居直りに過ぎない

鈴木が次に着目した日本人作家は谷崎潤一郎である。二〇〇四年三月、静岡の舞台芸術公園の屋内ホール「楕円堂」で上演された『別冊 谷崎潤一郎』は、前半は戯曲『お國と五平』、後半は小説『或る調書の一節』からなる。ト書きを読む「作家」（蔦森皓祐）の声とともに舞台が始まる。「作家」の台詞が前後半を繋ぎ、舞台全体を括る視座になっている。

――池田友之丞はもとお國の許婚だった。お國は、武芸の腕が立たず、性格も卑しく臆病な友之丞を見捨て、伊織に嫁いだ。友之丞は腹いせにお國の夫の伊織を闇討ちして姿をくらます。お國は伊織の臣下で剣術に長けた五平を助太刀に、伊織の仇討ちの旅に出る。友之丞は命を狙われる身ながら、お國に執拗な未練を抱き、虚無僧に身をやつしてお國のストーカーになる。お國と五平は旅するうちに男と女の仲になった。友之丞はそれを知る。

舞台は暮れ方の下野の国那須野が原、お國と五平の前に友之丞が現れる。五平はただちに友之丞を討とうとするが、友之丞は五平とお國の密通の事実を突きつけ、二人の不義は見逃すか

『別冊　谷崎潤一郎』

ら仇討ちはやめてくれと持ちかける。だが、友之丞を消してしまえば不義密通を知る者はいない。命乞いする友之丞を、有無を言わせず五平は斬る。友之丞は五平に、お國は、一度は俺に身を任せた女だと言い残してこと切れる。

配役は何度か代替わりしているが、蓮っ葉なお國を見事に演じた舘野百代、忠臣の面影などない欲望モリモリの藤本康宏、一見いじけた振る舞いのなかに、お國への欲望と「三分の理」を七分に見せるしたたかさを湛えた奥野晃士が脳裏を去らない。

後半、舞台は一転して、検事による凶悪犯の男の取り調べの場となる。「作家」は検事となって尋問する。男は愛人を次々と殺害したと供述する。

男は妻には全く愛情を持たず、邪険に虐げ続けているが、人を殺すたびに自分の罪を妻に語って聞かせ、妻はそのたびに、もうやめて真人間になってと泣いて頼む。泣いている妻を見ると、その時だけは可愛く感じられ、男も一緒に泣いてしまうというのである。妻が泣くとそれが自分の罪滅ぼしになるのではないか、この世ではダメでもあの世では救われるような気がすると供述する。加藤雅治の演じた「男」の得体の知れない妖気が記憶にこびりついている。

エロティシズム・国際政治批判・芸術家の孤独

友之丞の言う通り、伊織を闇討ちにした友之丞と、臣下の身で亡き主人の妻と密通した上、友之丞を斬った五平とは道義的に五分五分だ。しかし、友之丞は卑劣漢として死後も疎まれ、五平は敵討ちの助太刀役として故郷に錦を飾り、晴れて主君の元妻を娶る。正義とは強者だけに許される自己正当化の別名に過ぎないのである。鈴木忠志はこう書く。

たとえばテロリスト、ビンラディンの論理と、アメリカの大統領ブッシュの論理、どちらを大義あるものとし、どちらを犯罪者とするかは、入射角ひとつでまったく異なった様相をおびてくるのが、われわれが生きている世界である。[*7]

今に置き換えればイランやシリアと、イスラエルやアメリカだろうか。アメリカにとって次の強者はおそらく中国だ。ちなみに、この戯曲『お國と五平』は一九二二年、ヴェルサイユ条約締結の三年後に書かれた。「戦勝国」だった小国日本は太平洋諸島の委任統治という比較的小さな権益を得た。大国が膨大な権益を享受する一方、被抑圧民族の独立要求は大国に踏みにじられた。東アジアでも三一独立運動や五四運動が鎮圧された。谷崎を耽美的被虐的エロティシズムの作家としてだけ読むのは一面的で、彼の世界情勢への感度を侮るべきではない。当時、舞台の上のお國と五平の言動は、エゴを正当化する国際基準を作った戦勝大国と重なって見えたはずだ。また殺人犯の供述に、悪人正機説に通じる奇矯な悟りのようなものが見出されることも見逃してはならない。

（…）犯罪者である男の理屈のなかに、親鸞やカソリックの存在理由をも思わせるところがある。「一寸の虫にも五分の魂」という言葉もあるが、屁理屈にも五分の正当性がある、あるいは五分の正当性でも一寸であるかのようにみせられる心情や理屈もある（…）。こういう心情や理屈が、世の中を悪くしてきたという見方もあるだろうとは思うが、ここには芸術家というものが、どういう孤独な精神を生きているのかが、犯罪者の姿をかりて描か

＊7　鈴木忠志「『別冊　谷崎潤一郎』演出ノート　深い井戸の中から」、前出「鈴木忠志構成・演出作品」。https://www.scot-suzukicompany.com/works/06/

れている。[*8]

と鈴木は述べている。私には第三者のように登場した「作家」が、心なしか終景では友之丞に同一化し、「検事」として登場しながら、最後には「殺人者」に一体化するように見えた。

日本人論の変奏曲

翌二〇〇五年三月には『病院長屋の日本人たち』がBOXシアターという、静岡県舞台芸術公園の一角にある小劇場で初演された。『病院長屋の日本人たち』は、チェーホフの『六号室』と思しき時空で演じられる、『桜姫東文章』などいくつかのテクストの構成台本である。戯曲ではない、思想家の文章の断片も挿入された。それらを医師が患者たちに次々演じさせるのである。それを通じて、日本人の滑稽な錯乱の連鎖が紡ぎだされる。突如看護師（中村幸子）が歌い出す「花街の母」[*9]に驚かされたことを思い出す。これも「病院シリーズ」には違いないが、『リア王』『エレクトラ』のような「悲劇」系でなく、『帰ってきた日本』『カチカチ山』の系譜に連なる、自嘲的・喜劇的日本人論の変奏である。鈴木が『別冊 谷崎潤一郎』初演の演出ノートに引用した谷崎の『陰翳禮讃』の一節が目を引く。

「われわれの皮膚の色が変らない限り、われわれにだけ課せられた損は永久に背負つて行くものと覚悟しなければならぬ。尤も私がかう云ふことを書いた趣意は、何等かの方面、たとへば文学藝術等にその損を補ふ道が残されてゐはしまいかと思ふからである」

これは谷崎が自分の陰翳への偏奇の根拠を述べたものだが、「われわれにだけ課せられた損は永久に背負つて行く」というのは、演出家鈴木忠志の覚悟でもあるのではないか。

二〇〇六年六月には『羯諦羯諦——行く者よ、去り行く者よ』が静岡芸術劇場で上演される。これは純粋な日本の「皮膚の色」から生まれたものではなく、真言声明という古代から中世にかけて外来文化を換骨奪胎して生まれた「雑種文化[*10]」と高田みど

『病院長屋の日本人たち』

＊8　同前。
＊9　「花街の母」は一九七三年、金田たつえの歌った演歌。もず唱平作詞、三山敏作曲。
＊10　加藤周一『雑種文化——日本の小さな希望』一九五六年、講談社ミリオンブックス。のち、講談社文庫に収録。

左ページ：
『シラノ・ド・ベルジュラック』
（2点とも）

りのパーカッションのコラボレーションだが、表層的な「欧米化」への対抗軸の指標たるに足るものだ。

『羯諦羯諦』で真言聲明の会の僧侶が唱えるのは般若心経の死者追悼の経文である。上演のたびに設定が膨らみ、読経と演奏の時空と並行して、DVで配偶者を死なせた夫による妻への供養を思わせる物語らしきものが挿入された上演もあった。高田みどりの演奏は、世界中から収集してきた「楽器」が次々と加わり、初演時とは趣の異なったものに進化した。

シラノという鏡

『シラノ・ド・ベルジュラック』の初演は一九九九年である。フランス人エドモン・ロスタン原作だから、これもそもそもは日本の芝居ではない。しかし鈴木演出の『シラノ』は、ガスコン青年隊の、文武両道をもって任じる戦士シラノの恋を媒介とした日本人論の趣が濃い。鈴木の台本では喬三という名の零落した元武士が、この物語を書いたことになっている。しかも喬三はシラノ（初演竹森陽一、のち新堀清純、現在は再び竹森）を演じるのだ。実在するのは喬三、母、喬三の噂をする男女、それ以外は喬三の幻想である。シラノはロクサアヌに恋しているが、ロクサアヌはシラノと同じガスコン青年隊の美男子クリスチャンと互いに一目ぼれしている。だが、クリスチャンは書くことも話すことも不得手で愛の告白ができない。クリスチャンはロクサアヌへの恋文の代筆をシラノに託す。シラノは、人の心をとらえるのは「見え姿」か、こ

とばの力かを試す覚悟で引き受ける。
ロクサアヌが青年隊のいる戦場を訪れたとき、ロクサアヌを虜にしたのはシラノの書いた手紙の言葉で、クリスチャンの容姿ではないことが明らかとなる。この「敗北」に衝撃を受けたクリスチャンはシラノに、ロクサアヌに告白して愛を得よと勧める。だがシラノが告白しようとするまさにその時、戦端が開かれ、クリスチャンは敵に撃たれて死ぬ。ロクサアヌは喪に服して修道女になる。死者への義からシラノは告白を終生封印する。シラノの死の間際、ロクサアヌはふとした偶然から、クリスチャンの恋文はすべてシラノが書いたものだったと悟り、私を恋してくださったのはあなたです、と迫るけれども、シラノは肯じない。それが武人の心意気なのである。皮肉なことに、日本の「武士」の心意気（瘦せ我慢）を描くのには、ことばの力が「見え姿」の力を凌ぐという「信仰」が遺伝子化されているフランスが生んだ物語がふさわしかったのだ。

主人公の不自由・不自由な日本人

舞台にはヴェルディの歌劇『椿姫』[*11]の歌曲が終始流れ続ける。この重ね合わせは意図的である。『椿姫』も『シラノ』も成就しない愛の物語である。シラノが類稀な文武の才に長けながら醜いことを引け目に感じ、美貌と知性に溢れたヴィオレッタ（原作はマルグリット）は娼婦だという引け目からアルフレード（原作はアルマン）との愛を貫けない。

この物語の二人の主人公を、日本人はフランス人と同じように愛しつづけてきた。それは一時代前の日本人が、人間関係において精神的な不自由を感じ、あるいは劣等感に悩まされながら生きていた証なのかもしれない。[*12]

と鈴木はいう。その「不自由」さや「劣等感」を抱いて西洋に憧れる「醜い日本人」が喬三で、その喬三の想いに形を与えるために、日本人が「シラノ」を書くという虚構が生まれた。だからこそ「不自由」や「劣等感」に苛まれつつ文武の道を貫こうとするフランス人シラノを日本人喬三が「生きる」のである。

そしてイタリア・オペラの愛の悲劇のメロディが全編を蔽う。兵士の宴席の場面にもメロディは流れ続け、和服で帯刀したマッチョな男たちは、宴席に侍る、設定上はフランス人であ

＊11 『椿姫』はヴェルディ作曲のオペラ。原作は一八四八年にデュマ・フィス（アレクサンドル・デュマの息子）が書いた小説。自身が翌年戯曲化、大ヒットした。オペラは一八五三年に初演された。題名は道を踏み外した者を意味する『ラ・トラヴィアータ』（LA TRAVIATA）。主人公の名が原作のアルマン・デュヴァルからアルフレード・ジェルモンへ、マルグリット・ゴーティエからヴィオレッタ・ヴァレリーに変えられている。

＊12 鈴木忠志「『シラノ・ド・ベルジュラック』演出ノート　かけがえのないミスマッチへの試み」、前出「鈴木忠志構成・演出作品」。https://www.scot-suzukicompany.com/works/04/

るはずの、和服を着飾った女たちを「うんちゃっちゃあ」と叫びながら嬲りものにする。鈴木忠志演出の『シラノ・ド・ベルジュラック』は、「明治維新以来、西洋文化に憧れすぎたために自らの居場所を見失い、虚しいミスマッチともいうべき文化活動をつづけてきた[*13]」日本人に対する自己批評の試みである。

3　西欧古典との対決

エレクトラ ―― 否認が生む幻想

ギリシャ悲劇との対決もまた、SPAC時代も引き続き鈴木のテーマであった。SPAC開設準備の時期の一九九五年八月、鈴木は『エレクトラ』（厳密にはエウリピデスではなく、近代作家のホフマンスタール[*14]を原作とする台本）を宮城聰との共同演出で利賀芸術公園の野外劇場で上演する（エレクトラは美加理、クリテムネストラは高橋洋子）。これは第一回シアター・オリンピックスの参加作品になった。この時期も鈴木は『ディオニュソス』を繰り返し上演しているが、『バッコスの信女』から『ディオニュソス』へ抜本的変更が行われたのは前回触れた通りACMでのことだった。

ホフマンスタールの『エレクトラ』では、父を殺した母と情夫への復讐を成就したオレステス、エレクトラの姉弟は、父の墓前で歓喜の恍惚の中で死ぬ。だが、鈴木の単独演出になったとき、重大な変更が行われた。舞台は精神病院、高田みどりのパーカッションと車椅子のコロスが、千々に乱れるエレクトラの心象の合わせ鏡になる。幽閉されたエレクトラには復讐は絶対不可能だ。エレクトラは、この絶望的状況を否認するために妄想を重ねる。斎藤有紀子、ナナ・タチシビリ、[*15]ビョン・ユジョン、[*16]佐藤ジョンソンあきが演じた歴代のエレクトラは凄まじく高い否認のテンションを余すところなく表現した。幽閉されて死を待つ女性革命家やレイプ被害者のいまわの際の心象はかくやと思いながら観たものだ。

オイディプス――王の矜持の顛末

二〇〇〇年六月、鈴木は静岡県舞台芸術公園野外劇場「有度」でソフォクレスの代表作『オイディプス王』を演出する。初演のオイディプスは新堀清純が見事に演じた。二年後のデュッセルドルフ市立劇場での公演では、ゲッツ・アルグスがオイディプスを演じることになる。

＊13　同前。
＊14　ホフマンスタール（1874－1929）オーストリアの作家。新ロマン派の系譜に位置づく。マックス・ラインハルトが始めたザルツブルク音楽祭に積極的にコミットした。
＊15　ナナ・タチシビリはSCOTのロシア人俳優。
＊16　ビョン・ユジョンはSCOTの韓国人俳優。

『オイディプス王』でのゲッツ・アルグス

「家にとどまれば親を殺す」という神託が下り、故郷を捨て諸国を放浪していたオイディプスはスフィンクスの謎を解いてテーバイを災難から守った。先王を失って悲嘆に暮れていたテーバイの民は英雄を新王に迎え、オイディプスは先王の皇后イオカステと結婚し、善政を敷く。だが、あるとき、テーバイに疫病が流行する。王は自身の矜持にかけて、真実究明と問題解決を市民に約束する。アポロンの神託は、先王を殺した者が放置されていることが災難の原因だと告げた。皇后の弟で摂政の地位にあるクレオンは、預言者テイレシアスの意見を聞くことを提案する。テイレシアスは、原因が王自身にあることを知っているが言うのを憚る。言わなければ殺すと脅されて、災いの根源はあなただと真実を語る。するとオイディプスはテイレシアスがクレオンと組んでオイディプス追放の陰謀を企てていると猛り立つ。だが、先王を殺したのはオイディプスであることを示唆する過去の事実の断片が次々明らかになる。それを察知したイオカステは、オイディプスの真実追求を制止しようとする。だがオイディプスは聞き入れない。

ついに事実が露顕する。オイディプスは昔、三叉路で遭遇した数人の男と諍いになり殺した。その中の一人が父ライオスだった。母子婚が露顕したイオカステは首を吊り、オイディプスは、父殺しと母子婚と、それを知らなかった無知への罰として目を抉り、放浪の旅に出る。鈴木演出では、両目を抉ったオイディプスの愁嘆場がない。王の貫いた矜持で真実が究明され自己処罰が終われば、泣き言の場面など一切無用ということだ。ゲッツ・アルグスは、この演出に最も適した俳優だった。ゲッツ亡き後、彼を超えると鈴木が認定するオイディプス役者が出現しなければ再演しないと私は予測している。なぜなら鈴木忠志は白石加代子が退団してから二十数年、『トロイアの女』を封印した。この封印は、白石を超えると鈴木が考える女優が現れなければ上演しないという決断に基づいていたと思うからだ。

チェーホフとの対峙

ヨーロッパ近代劇の中では、八〇年代の利賀山房での上演以来、チェーホフの世界が鈴木の念頭を去らないようだ。鈴木のチェーホフ解釈は、チェーホフに不条理劇の始源を見る中村雄二郎（『チェーホフの世界』）と響き合っている。[*17]

二〇〇二年、SPACでの『ザ・チェーホフ』（「イワーノフ」「ラネーフスカヤ」「ワーニャ伯父さん」）上演は、ひとまずの集大成だった。九二年に初演された『イワーノフ』については前回すでに言及した。『桜の園』単独の初演は八六年、この時のラネーフスカヤは、パリと若い男に関する夢想（物語）に生きる滑稽な女として描かれた。渡辺保はこう書いている。

（…）俳優座の東山千栄子にしても、モスクワ芸術座のタラーソワにしても、上品で、貴族的な育ちの良さと、ふくよかさ、豊かさを持った貴婦人であった。ところが白石加代子のラネーフスカヤを見て私ははじめて、この女がいくら高貴なように見えても、一皮むけば所詮は、田舎の成金地主の年増のカカアに過ぎないことを知ったのである。[*18]

「妖艶でグロテスク、老婆にして童女、上品で下品」とは、ラネーフスカヤを演じた白石の演技と鈴木の造形への賛辞である。〇二年版の「ラネーフスカヤ」は、そこにラネーフスカヤをわがものにしたい、奴隷から成り上がった不動産屋ロパーヒンの幻想が重ねられた。だがロパーヒンの物語はラネーフスカヤの物語とは嚙み合わない。ロパーヒンはラネーフスカヤの土地は手に入れたが、生身の「奥様」とは生き別れになるしかない。〇二年の上演では二人の夢想の行きはぐれの喜劇性が強調された。

滑稽で愚かな登場人物

『三人姉妹』は八四年の初演の後フルバージョンではあまり上演されていない。しかし、『三人姉妹』の台詞に対する鈴木のこだわりは強い。鈴木演出の『桜の園』には『三人姉妹』の台詞が一部組みこまれているし、こだわりは今も続いている。その証拠に『津軽海峡冬景色』にはヴェルシーニンの台詞が、『果てこんⅡ』にはヴェルシーニンとマーシャの対話が「引用」されている。『三人姉妹』の「演出ノート」にはこうある。

（…）チェーホフ戯曲の登場人物たちはすべからく滑稽で楽しい。特に女性は愚かさを特徴としており、その点に焦点をあてないと舞台上に生きた人間像が出てこない、というのが私の見解である。マーシャは実家に戻ってまで、妻子のある男ヴェルシーニンの声を聞きながら、暗闇でオナニーをしていたに違いないのである。イリーナはそれがよくわかるから、刺激され発情し混乱し、ともかくはやくこの環境から逃れなければいけないと、馬鹿な男爵との結婚を決意したのである。[*19]

＊17　中村雄二郎『チェーホフの世界』白水社、一九七九年。
＊18　前出、渡辺保『演出家 鈴木忠志』一〇七－一〇八頁。
＊19　鈴木忠志「『三人姉妹』演出ノート　チェーホフの女たち」、前出「鈴木忠志構成・演出作品」。https://www.scot-suzukicompany.com/works/13/

チェーホフは、決して、いわゆる「リアリズム」の作家ではなかった。若き日のメイエルホリドの日記によると、チェーホフ本人は、『かもめ』の稽古で、舞台を「リアル」にするために蛙の鳴き声やとんぼの羽音など、舞台に日常のトリヴィアルな「事実」を持ち込もうという俳優たちの提案を、舞台は芸術なのだから余計な「リアル」を持ち込むなと言って受け入れなかった。

またチェーホフは、悲劇的な物語を情緒豊かに描き出す劇作家ではなかった。『桜の園』が悲劇として演出されることに対してチェーホフは、これは「コメディだ、何度言ったらわかってもらえるんだ」と嘆いたという。「スタニスラフスキーが私の戯曲をだいなしにした」と激怒したという記録もある。[*20] モスクワ芸術座でもチェーホフはなかなか理解されなかったのである。日本では一層ロマンチックな写実的悲劇だと解釈されてきた。鈴木忠志のチェーホフは、それらへの反措定である。日本では鈴木忠志によってようやく高度なファルスになったのだ。『ザ・チェーホフ』の第三部『ワーニャ伯父さん』は八八年に初演された。セレブリャーコフ教授という飛び切りの食わせ物にすべてを託して裏切られ、刃傷沙汰に至るワーニャはイワーノフと似ている。登場人物がみな不機嫌で苛々し、愚痴ばかり言っている、この宙づりの不安定感こそ『ワーニャ伯父さん』の世界の本領だ。ただ、私にはこの作品には、『桜の園』や『三人姉妹』や『イワーノフ』ほどには、鈴木の解釈の卓抜な独自性がまだ発揮されていないように思える。九四年の『帰ってきた日本』が、十数年後に驚くべき開花を遂げたように、さらに〈大化けしたワーニャ〉の出現の可能性を期待したい。

イプセンの戦った「見えない」敵

鈴木の西欧近代演劇への関心のもう一つの機軸はイプセンである。〇四年初演の『幽霊――別冊イプセン』は、一方に『人形の家』のノラ、他方に『幽霊』のアルヴィング夫人を配して、一九世紀後半のノルウェー人を支配していた「見えないもの」の元凶であるキリスト教（ノルウェー国教会）の道徳規範の害毒を暴き出す。

鈴木夫と訣別したノラ（中村幸子）が劇作家となって『幽霊』を書くという設定は見事だ。鈴木はイプセンの闘いが「目に見える」男の支配の暴露にとどまらず、キリスト教国に脈々と生き長らえてきた、内面化された不可視の権力（近代家父長制イデオロギー）との闘いであったと解釈する。アルヴィング夫人（久保庭尚子）は、ふしだらな夫の不始末を取り繕って必死に家父長を演じ、欺瞞の秩序を生き延びさせようとするが、息子オスワルト（武石守正）の不治の脳病による死で挫折するのである。

「演出ノート」で、「イプセンの家庭劇は、性というものを基盤として成立する他人である男

＊20 『かもめ』の稽古場でのエピソードは桑野隆『夢みる権利』東京大学出版会、一九九六年、三二頁。『桜の園』は「コメディ」だという箇所は、小野理子訳『桜の園』ワイド版岩波文庫、二〇〇九年、一三八頁。オリガ・クニッペルへの手紙だという。また「スタニスラフスキーが私の戯曲をだいなしにした」はディヴィッド・アレン『チェーホフをいかに上演するか』武田清訳、而立書房、二〇一二年、七四頁。

『幽霊 ── 別冊イプセン』

女の関係としての夫婦」や「血縁としての男女である母と息子、そういう人間的結合がどういう見えない制度、ということは歴史的に積み上げられてきた慣習として維持されているのか、その実体と欺瞞性を暴こうとしたもの」だと鈴木はいう。また、「『人形の家』の主人公の男女を現代的にしたのは、見えない制度というものとの闘いが、現在の我々にとっても、今いちばん大事なものではないかということを強調したかったからである」ともいう。[*21] 杉田水脈のような「女性議員」を見ると、[*22]「目に見えないもの」は男性だけでなく現代の女性をも呪縛していると思い知らされる。

ゴーリキーとレーニンの再審

鈴木は、二〇〇五年『廃車長屋の異人さん』でゴーリキーのリアリズム演劇を換骨奪胎した。これは廃棄された車に棲みついた住人たちが演じる『どん底』である。初演は静岡芸術劇場、

＊21　鈴木忠志「『幽霊――別冊イプセン』演出ノート　見えないものとの闘い」、前出「鈴木忠志構成・演出作品」。https://www.scot-suzukicompany.com/works/14/

＊22　杉田水脈は自民党の女性の衆議院議員。「ＬＧＢＴは生産性がない」と言って同性婚に反対したことで注目された。国会や新聞雑誌、ＳＮＳなどで「女性差別は存在しない」、「待機児童は一人もいない」、「保育所拡充などの要求はコミンテルンによる日本の家族制度破壊の陰謀」などと主張している。もちろんコミンテルンは遙か昔に消滅している。

『廃車長屋の異人さん』

その後、利賀芸術公園の特設野外劇場、新国立劇場で上演された。

鈴木は、偽巡礼のルカ（竹森陽一）を、物語の外郭に歴史の語り手（ゴーリキー研究家）としても登場させ、帝政ロシアの極限的な暴政、革命の必然性や蜂起する民衆への共感と、ボリシェビキ革命路線の失敗の不可避性を語らせる。他方では「雑草の歌」[*23]という、女の「ど根性」を鼓吹する美空ひばりの演歌が挿入される。語りと歌の狭間で『どん底』本体の物語が展開するのである。

ゴーリキーが描いた木賃宿が、車社会の残骸に置き換えられ[*24]、資本主義の苛酷さの表象の、時代による差異が鮮明に示されていた。未来を失って生死の線上にある住人の様々な諍いの果

*23　美空ひばり、一九七六年の歌。加藤和枝（ひばり本人）作詞、遠藤実作曲。『廃車長屋の異人さん』の主題歌のような扱いなので、歌詞を記しておく。

唄）生まれて今日まで　耐えてきた　こんな涙を　誰が知る　踏まれながらに生き抜いて
　路ばたに生える　草のよな　強い強い女になりました
　咲かずに散っては　いけないと　そんな自分に　むちを打つ　辛いこの世を生き抜いて
　路ばたに生える　草のよな　強い強い女になりました
語り）私のこの体の中には　日本に生まれた古い血が流れています
　そんな人間の少なくなった今日でも　おてんと様だけは　私を照らしてくれました
唄）辛いこの世を　生き抜いて
　路ばたに生える　草のよな　強い強い女になりました

てに「役者」が自殺して芝居は終わる。そこに、朗々と響き渡るひばりの「雑草の歌」という人生の応援歌から何を汲みとるのか、観客に託されたものは重い。初演はリーマンショックによる野宿者が溢れ、餓死を防ぐために派遣村が作られる三年前、三・一一の六年前である。

普遍性のありか

一九九六年、鈴木はかつて早稲田小劇場が〈世界演劇〉にデビューした地であるフランスの政府から芸術文化勲章を授与された。テアトル・デ・ナシオンでの『劇的なるものをめぐってⅡ』の上演にはじまり、利賀フェスティバルでの活動、スズキ・トレーニング・メソッドの創設普及、シアター・オリンピックス設立への貢献などが受賞の理由であっただろうと推測される。また、先述のように二〇〇三年、国際スタニスラフスキー財団から鈴木はスタニスラフスキー賞を授与された。受賞・叙勲一般に価値があるということではない。しかし、この受賞には、日本人の身体の文化への徹底的な拘泥の成果が、異文化に通じたことの帰結であるという意味がある。[*25]

鈴木は、二〇〇四年にはモスクワ芸術座からのオファーでモスクワ芸術座の定期公演演目としてロシア人俳優（主演アナトリイ・ベールイ）の『リア王』を演出した。これは演劇史的に見ると、リアリズム演劇の殿堂に対する反リアリズム演劇による〈倍返し〉である。鈴木の舞台には、ロシア語に訳されたシェイクスピアの芝居を、スズキ・トレーニング・メソッドの訓練を利賀で受けた俳優が演じることで、世界の単一化（グローバル化）と「異者」排除という二つの暴力に引き裂かれた世界における演劇の普遍性のありかが示唆された。「普遍性」とは、柄谷行人が定義した、次のような意味における「普遍性」である。[*26]

黒澤においては、シェイクスピアの言葉が日本の文脈＝身体に同化されている。ところが、鈴木の場合、（…）そのような同化は否定されてしまう。そこには、狂女が難解な形而上学を語りながらタクワンをかじるのと同じように、言葉と行為の分裂がある。ゆえに、

＊24　静岡芸術劇場の舞台に、キャデラックなどの大型の外国車が目立つように配置された廃車群が舞台装置として使われた。利賀芸術公園の野外の特設舞台でも同様だった。この廃車群は、二〇二〇年八月、利賀の野外劇場で上演された新作『世界の果てからこんにちはⅡ』の舞台装置として久しぶりに使われた。

＊25　鈴木は、一九八二年の芸術選奨新人賞を例外として日本国内の演劇賞や叙勲を断っている。似たような原則（国家あるいは政府の顕彰の辞退）を浅利慶太が貫いたことも注目に値しよう（例外は一九七六年の芸術選奨文部大臣賞）。ちなみに千田是也は一切の国家からの表彰と無縁だった。杉村春子は、文化功労者（一九七四年）は受けたが文化勲章（一九九五年）は辞退した。滝沢修は勲三等瑞宝章を受けている。井上ひさしは日本芸術院賞恩賜賞を受賞している。蜷川幸雄は文化勲章を受章し、文化功労者、従三位である。日本の演劇人は、一般に諸外国政府の顕彰や国際演劇団体からの受賞とは縁が遠い。

鈴木の演劇が海外で普遍的に受けいれられるのは、その素材が普遍的だからではなく、また演出が日本的なものとしてエキゾチックに見えるからでもない。もとより、身体が普遍的であるとか、「日本的なもの」が普遍的なものだということでもない。普遍的なものは、それらのどちらかにあるのではなく、それらの亀裂にある。そして、それは鈴木が初期から一貫して考えてきた問題なのだ。[*27]（傍点筆者）

演劇史を遡れば、川上音二郎の「正劇」は翻案、宝塚も翻案、新劇が懸命に目指したのは翻訳、鈴木は両者の「亀裂」に立ち向かっている、ということになろう。小説では多和田葉子がこの「亀裂」と格闘している。[*28]

＊26 黒澤明監督作品は『蜘蛛の巣城』はシェイクスピアの『マクベス』が原作。『どん底』はゴーリキーが原作、『白痴』はドストエフスキーが原作である。また『悪い奴ほどよく眠る』は『モンテクリスト伯』『ハムレット』を下敷きにした。『乱』は毛利元就の三子教訓状とともに、シェイクスピアの『リア王』が使われている。しかし、外国人の作品は、いずれも、日本内部のできごとの設定に置き換えられて使われている。つまり翻訳ではなく、シラノ・ド・ベルジュラックを『白野弁十郎』にしたのと同様、翻案されている。そのため、日本語の世界に取り込む際の軋轢・齟齬がない。

＊27 前出、柄谷行人「鈴木忠志と『劇的なるもの』」一六七頁。

＊28 『アルファベットの傷口』河出書房新社、一九九三年。のち『文字移植』と改題。

第Ⅶ章 再び利賀へ（2007-2014）

1　SPAC　最後の仕上げ

扉写真：
『新・帰ってきた日本』
新利賀山房／2010年

磯崎新の鈴木評価

長らく鈴木忠志と同志的関係を続けている建築家磯崎新は鈴木の演劇を次のように評した。

（…）これは演劇ではない、演劇についての演劇である、ということにつきる。つまり演劇による演劇論。いいかえると演劇批評を演じる演劇。演劇というフォーマットに仮託した世界批評、（…）メタ演劇としかいえない。[*1]

磯崎新は「座付き建築家」を自認するほど鈴木忠志と長らく共同作業を重ねてきた。磯崎が作った鈴木の演劇空間には利賀山房・利賀野外劇場・水戸芸術館・利賀スタジオ・新利賀山房・静岡芸術劇場・屋内ホール「楕円堂」・野外劇場「有度」などがある。磯崎の評言は、この時期までの鈴木忠志の仕事全体に対する包括的な評価としての意味を持つ。

その磯崎は、一九六八年の「文化革命」——六八年革命全体を磯崎はこう呼んだ[*2]——から八九年のベルリンの壁崩壊までを「歴史の落丁」と呼び、「六八年に起るべき事件が不発のまま、八九年に地すべりが発生した」という。磯崎によれば

（…）六〇年代末期の世界的な動乱は、芸術領域における前衛が終った、あるいは死んだことだと考えるようになっていた。すなわち運動体はもはや機能しなくなった。むしろみずからが自己言及的に解体されたあげくに、近代が要請してきた普遍的な解法とは異る何ものかから再構築されねばならない。[*3]

というのである。磯崎は鈴木忠志を「こんな解体を自らに強いている地下演劇者」のひとり

＊1　磯崎新「地下から根拠地へ、そして世界を漂流する演劇者」、前出『演劇の思想Ⅱ』二一一－二一三頁。初出は『演出家の仕事』静岡県舞台芸術センター、二〇〇六年。
＊2　中国の文革をさしているのではない、ということである。磯崎には、一九六八年に新たな「反システム運動」が開始されたという、ウォーラーステインの長いスパンでの歴史認識が念頭にあったのではないかと推測される。
＊3　前出、磯崎新「地下から根拠地へ」一一七頁。

と呼び、東京の地下演劇空間から利賀への移転を、ゲバラの山岳戦の根拠地になぞらえ、「闇を深く掘り下げることによって未明の世界を浮かばせようと」するための根拠地作りだといった。鈴木評価の核心は強靱な歴史意識と方法的自覚の強度にあった。

方法的強度への共感

また、鈴木と親しい同世代の世界的に著名な演出家R・ウィルソンは次のように書いた。

アメリカの演劇はそのほとんどがリアリスティックである。人々は居心地のよさを求めるから、舞台で何が行なわれているか即座に了解できないと気が済まない。(…)しかし、劇場を去るときもまだ自分が観たものについて考えつづけ、あれは何だったのかと疑問をもつことが理想なのだと私は信じている。鈴木が創る舞台が刺激的なのは、劇場を訪れた私たちに驚きを与えてくれるからだ。私たちは観たものについて考えなければならないし、劇場を去るときもそれについて考えつづけなければならない。[*4]

彼も観客の懐疑を意識の奥深くから喚起する鈴木の方法の強靱さを評価した。また、鈴木と長い親交のあるギリシャの演出家テオドロス・テルゾプロスも鈴木の方法に注目する。

鈴木氏には、世界的に知られている独自の方法がある。その方法／メソッドによって新たに作り出されるのは俳優のワザ――集中、鍛錬、表現、信念、勤勉等々をめぐる基本的な原則である。彼は、伝統と現代を結びつけ、東洋と西洋に、日本と世界に、橋を架けた。彼の作品、解釈、そして演出から見てとれること。それは、捕捉不可能なものを捕捉しよう、解釈不可能なものを解釈しよう、そしてこの世界の目に見える境界を越えようと、彼が苦悩しているということである。[*5]

二人の演出家はともに、鈴木の舞台表現における、見えないもの、わかりにくいことを舞台に立ち現す困難への執拗な模索に共感したのである。

退任の置き土産――「社会講座」「有度サロン」

鈴木にとって、八〇年代初頭あたりまでは、「世界批評」と舞台表現が緊張関係にあるのは

*4　ロバート・ウィルソン「立ちどまって考えさせられる演劇」、前出『演劇の思想Ⅱ』一四六頁。初出は前出『演出家の仕事』。
*5　テオドロス・テルゾプロス「目に見える境界をこえて」、前掲書一四八―一四九頁。初出は前出『演出家の仕事』。

自明であった。しかし、この緊張関係は次第に維持できなくなる。メディアの組織化にも関与すべきだと鈴木は自覚したのではないか。市川浩と柄谷行人と鈴木が始めた『季刊思潮』[*6]（『批評空間』[*7]の前身に当たる）は鈴木の勧奨によるものだった。鈴木には舞台と並走する議論の場が不可欠だという一貫した問題意識がある。

鈴木は芸術総監督退任に向けたSPACへの置き土産として二つの企画を立ち上げた。一つは二〇〇五年から始めた「社会講座」。参加者に劇場で舞台との関係を意識しつつその外側の問題を考えてもらう機会を提供するものである。初年度春のゲストは次の通りである。[*8]

三月一二日：島田雅彦（作家）、一九日：塚本由晴（建築家）、二六日：岩井克人（経済学、東大教授）、四月二日：斎藤環（精神科医）、九日：小倉千加子（ジェンダー論）、一〇日：瀬地山角（社会学）、一六日：新宮一成（精神医学）、一七日：太田昌国（ラテンアメリカ研究）、二三日：吉田司（ノンフィクション作家）、二四日：大澤真幸（社会学）

この企画は〇九年まで続き、斉藤邦彦（元駐米大使）、張富士夫（トヨタ自動車副会長）、渡邊守章、内野儀、森達也（ドキュメンタリー作家）、柄谷行人、磯崎新、岡﨑乾二郎（造形作家）、姜尚中（政治学）、宮台真司（社会学）などが登場した。

もう一つは会員制の議論の場「有度サロン」。発起人は磯崎新・柄谷行人・五十嵐武士・坂部恵、鈴木忠志。数十人の会員が土曜日に集まって研究会を開き、その場の発題者が翌日曜日の公開講座でSPACの観客に講演し質疑を行った。[*9] 〇八年、鈴木の退任の翌年のことである。五人の発起人が各々二回ホストを務めた。初年度の有度サロンの登場者は次の通りである。

四月六日：五十嵐武士・苅部直（政治学）、一三日：五十嵐武士・藤原帰一（政治学）、二〇日：坂部恵・黒崎政男（哲学）、二七日：坂部恵・守中高明（詩人）、五月一一日：柄谷行人・池田雄一（評論家）、一八日：柄谷行人・高澤秀次（評論家）、一一月九日：磯崎新・浅田彰（批評家）、一六日：磯崎新・柄谷行人、二三日：鈴木忠志・菅孝行、三〇日：鈴木忠志・大久保満男（日本歯科医師会会長）・鈴木滉二郎（文化政策）

＊6　『季刊思潮』は一九八八年から一九九〇年にかけて、八号まで思潮社から出された雑誌。同人は、市川浩、柄谷行人、鈴木忠志。後に浅田彰が加わる。

＊7　『批評空間』は、一九九一年、『季刊思潮』のあとを受けて、太田出版から刊行された雑誌。二〇〇一年から生産協同組合・批評空間社が刊行。一九九四年までが第Ⅰ期、二〇〇〇年までが第Ⅱ期、その後が第Ⅲ期、二〇〇二年八月に編集長の急死などにより終刊した。

＊8　「社会講座」は鈴木忠志の芸術総監督退任後にSPACの講座として立ち上がったので、途中からは企画立案者が宮城聰へと移行した。

＊9　「有度サロン」は、五人の同人（鈴木忠志・五十嵐武士・磯崎新・柄谷行人・坂部恵）の運営で三年間継続した。

〇九年、一〇年も開催され、水野和夫（経済学）、西山圭太（経産省課長）、平野啓一郎（作家）、辻哲夫（元厚労省次官、高齢社会総合研究機構教授）、細川俊夫（作曲家）、魚住孝至（倫理学・武道論）、大島伸一（医師、国立長寿医療センター総長）、伊藤裕夫（文化政策）、鈴木寛（文科副大臣）、大塚耕平（内閣府副大臣、当日不参加、木内孝胤参議院議員が代行）、島薗進（宗教学）、島田裕巳（宗教学）、山口二郎（政治学）などが登場した。

『別冊 別役実「AとBと一人の女」より』

舞台成果の置き土産は二つあった。一つが〇七年五月にBOXシアターで上演された『別冊別役実「AとBと一人の女」より』である。鈴木は四五年ぶりに別役実の二四歳の作品を手がけた。世界に対する悪意と緊張に溢れた秀作である。だが別役は初期作品の上演に忌避感を示す。別役は、

（…）たとえばいま『象』の時のセリフを見るのもいやなわけだ。（…）恥しい言葉を告白的に出せる時代、告白する勇気が創作の最大のエネルギーだった時代はアマチュアなんだ。[*10]

と語っている。「作者」が作品に露呈することへの羞恥というべきだろう。それから三〇年経過したとはいえ、自分の描いたセリフを見るのもいやな時代に共同作業をした鈴木忠志が、

『別冊 別役実「AとBと一人の女」より』

『象』に先立って書かれた『AとBと一人の女』を演出することに、かなりの葛藤があったに違いない。しかし、別役の「若書き」の筆は鋭い。

大衆を嫌悪し差別する秀才＝知識人（男A塩原充知）と、知識人に殺意を抱く劣等生＝大衆（男B加藤雅治）が小学校の同級生だったという設定に、鈴木は近代日本社会の二重構造を読み込んだ。そこに近代国家の「優等生」日本と「劣等生」中国の対立緊張を重ね焼きし、さらにはアメリカ軍の司令官とアラブの自爆テロ予備軍の対立のイメージまで組み入れた。冒頭から結末まで、隠された殺意が衝突しあう稀に見る緊迫感漲る舞台だった。「何日君再来」の抒情的なメロディが

＊10 前出、鈴木忠志＋別役実「早稲田小劇場の誕生をめぐって」四五頁。

アイロニカルな緊張を掻き立てた。鈴木は次のように書いている。

人間にはあたかも優劣、上下があり、優者や上位者が劣者や下位者とされた人間を軽蔑したり、また劣者や下位者と見なされた者が怨恨という感情をもつ権利があるかのような関係を派生させることにある。《（ママ）》そして、ひとたび人間が制度上の格差を前提として、こういう関係に入ると抜き差しならない葛藤と敵対関係が生じ、ついにはその関係を消滅させたいという個人のコントロールを越えた攻撃的衝動と行為が、両者に激しく噴きだしてくるということであろう。
（…）たった二人の人間の争いを描くだけで、現在の世界の問題をも考えさせるような戯曲を生み出した別役実という人間に、今あらためて驚いている。[*11]

ちなみに筆者は、この上演に先立って次のように書いた。

時代の変わり目に、安穏に生きるには知らないほうがよいことを知ってしまった者たちは、こぞって共同の悪夢に魘《うな》される。芸術作品とは形式を持った夢だから、その悪夢を互いに共有できる芸術として開示するには、それにふさわしい形式の発見が不可欠だ。
私たちの世代――それは相似た歴史的環境を生きることを強いられたことを意味する

――にとって、別役実という劇作家は、そういう意味での新しい形式の発見者だった。『AとBと一人の女』は一九六一年〈早稲田祭〉、『象』はその翌年、後に早稲田小劇場の主宰者となる鈴木忠志の演出で初演された。見出されたばかりの言葉の力を、今読み返しても改めて再確認できる。

当時我々は、戯曲とは、具体的な場面設定や物語の筋があって、心理を内面に隠し持った人物と人物の対話や葛藤があって、そのなかから何かの事件がおき、展開し、やがて大団円を迎える、そういうものだという〈通念〉を新劇に接することを通して刷り込まれていた。別役の戯曲はそういう〈通念〉を破壊した。

〈通念〉に照らせば、どちらも実に妙な戯曲だった。『AとBと一人の女』は登場人物Bが、殴ってくれとか、ぶちのめしてくれとか、マゾヒスティックな言葉の洪水を浴びせかけながら登場人物Aにすがりついてゆき、結局、間違って、はずみに、Aを殺してしまうという、それだけの話である。モノトーンの、しかし執拗な反復を孕んだ独特の文体で、日常には存在し得ない日常語が埋め尽くされていた。自虐の特権化という戦後の日本人の通弊への悪意を込めた密かな批評が込められているように読めた。それは『マッチ売りの

＊11　鈴木忠志「『AとBと一人の女』演出ノート　別役実について」、前出「鈴木忠志構成・演出作品」。https://www.scot-suzukicompany.com/works/22/

少女』に描かれた、無自覚の記憶の消去への批判と対をなしている。（…）

戦後新劇の自明性に対する戯曲の言葉の革命はここから始まった、と私は考えている。（…）我々の世代が見てしまった、共同の悪夢は、戦後革新の正体を見たなどという次元を超えて、どうやら我々人間はこの世界に投げ出されているだけの存在で、抵抗も革命もそれらの回避も自由だが、人間にはどの道本質的な価値などあるわけではないという、西欧人なら戦争終結時にしたであろう発見がもたらす、根源的なペシミズムとそれに付着した奇妙な解放感に由来する。

六〇年代に通称「アングラ」と呼ばれた、新劇とは違う、新しい演劇を作り出したり、そういう演劇に心惹かれたりした者たちは、その悪夢を読み解く過程でブレヒトやサルトルやベケットに出会った。別役はベケットの影響をもっとも強く受けた。つまりいちばん寝苦しい悪夢と奥深いところで格闘した。別役の言葉はその格闘から生まれた。[*12]

この時の「初心」を死ぬまでも持ち続けよと作家に要求する権利は読者にはない。しかし、作者が「見るのもいや」な「初心」が書かせたことばに読者が拘泥し続けることを拒む権利は作者にもない。極めて特殊な「読者」であった鈴木忠志は、「初心」のことばへの読解に四五年後に形を与えたのである。

『サド侯爵夫人』——精神のやくざ

もう一つは同年六月の三島由紀夫作『サド侯爵夫人』第二幕の上演である（椿円堂）。そこでは制度に支えられた権益を守ることだけに執着するモントルイユ夫人（久保庭尚子・齊藤真紀）と、それを打ち砕こうとするルネ（布施安寿香・高野綾・佐藤ジョンソンあき）のことばの闘いが描かれる。欲情への「殉教者」サン・フォン伯爵夫人（内藤千恵子）がモントルイユ夫人の計略を暴露し、母子の対立は頂点に達する。

ルネ　（…）サド侯爵家の家名に目がくらんで、娘をアルフォンスの嫁にやり、さあ今度は母屋に火がつきさうになると、あわてて買ひ戻さうと躍起におなりになる。（…）あなたは売春婦が質に流した衣裳箪笥を買ひ戻すやうに、私を買ひ戻して満足なさる。自堕落なたのしい生活の夢！　この世界の果て、世界の外れに、何があるか見ようともなさらず、鴇いろのカーテンで窓をおふさぎになる。そしてあなたは死ぬのです、自分が蔑んだものにたうとう傷つけられなかつたことを、唯一つの矜りになさつて。人間の持つことのできる矜りのうちで、これ以上小さな矜り、これ以上賤しい矜りがあるでせうか。

モントルイユ　そしてお前もいつかは死ぬ。

＊12　『東京新聞』二〇〇七年三月一〇日朝刊。

『サド公爵夫人（第二幕）』

ルネ　でもお母様のやうにではないわ。
モントルイユ　さうだらうとも、私は火焙りにされて死ぬつもりはない。
ルネ　私も老いさらばへて小金を貯め込んだ、身持のいい売春婦のやうに死にはしません。

第二幕だけを上演するのは[*13]、ここに世俗の「法と秩序」の論理と、それを拒絶する論理の鮮明な対立が示されて余すところがないからだ。これは絶対に日常の親子の対話ではない。凝縮された観念の決闘である。鈴木は、三島とその化身であるルネに「精神のやくざ」を見る。鈴木の言う「やくざ」とは、「世間的常識や偽善的な規範に啖呵をきって、自分の存在の正当性を有言実行する人である」。[*14]

この場合、「やくざ」とは芸術家の精神のことである。鈴木は、この演出ノートに芸術総監督退任を「やくざ」としての再出発の機会にしたいと書いた。

2　利賀への回帰――世界各地からの招聘

施設の拡充・定額入場料金の廃止

鈴木が利賀に移る際、当然劇団員も行動をともにした。ＳＰＡＣの俳優・スタッフの過半と、山村武善の後ＳＰＡＣの芸術局長だった重政良恵がＳＣＯＴに移った。

利賀での本格的な活動を再開した鈴木はインフラ整備にとりかかる。二〇〇七年には富山県

＊13　三島由紀夫の死後も、二幕だけの上演は著作権者がなかなか許可しなかった。このとき、はじめて許諾を得て上演が可能となった。直前の引用は『決定版　三島由紀夫全集』第二四巻、新潮社、二〇〇二年、二九九―三〇〇頁。

＊14　鈴木忠志『『サド侯爵夫人（第二幕）』演出ノート　精神の『やくざ』について」、前出「鈴木忠志構成・演出作品」。https://www.scot-suzukicompany.com/works/08/

と協力して児童生徒の課外活動との共用施設「少年自然の家」を「利賀創造交流館」に改称し、稽古場用の空間が劇場に改造された。〇八年、『別冊 別役実』はここで再演された。〇九年には、元来臨時の野外演劇用空間だったスペースに常設の「岩舞台」が完成した。一一年、鈴木忠志構成・演出の『新々・帰ってきた日本――『瞼の母』より』はここで初演された。

一一年には、主に上演空間として使用されてきた利賀スタジオがゲスト接遇の会場に改装された。一二年に鈴木の右腕だった制作者斉藤郁子が亡くなり、追悼のセレモニーがここで行われた。一三年には利賀中村体育館を増改築して利賀大山房が開場した。オープニングは『羯諦羯諦』と『ディオニュソス』だった。

注目すべきは、一三年からSCOTが利賀で行う催しの入場料を廃止したことである。「SCOT倶楽部」に会員登録をすれば無料でも何万円でも支払いは「ご随意」である。利賀でのSCOTの演劇活動には、市場原理に代わって「必要に応じて観劇し、能力に応じて支払う」原則が適用されるのだ。会員からの支援金の金額は、以前の入場料収入を上回ったという。

タガンカでの定期演目化・中国からの招聘など

外国との繋がりもさらに広がり深まった。二〇〇七年、鈴木演出の『エレクトラ』がモスクワのタガンカ劇場のレパートリーになったことは第I章で触れた。〇八年には、韓国とロシアの俳優による『エレクトラ』（韓国アンサン・アーツ・センターとアルコ芸術劇場の共同制作）を韓

『エレクトラ』

国で上演した。〇九年にはオペラ『椿姫』(飯森範親指揮、藤原歌劇団合唱部、東京フィルハーモニー交響楽団)を静岡グランシップ中ホールで演出した。一二年、エジンバラ国際フェスティバル(イギリス)に招聘されて鈴木は『エレクトラ』を上演した。

鈴木は二〇一〇年に上海戯劇学院、一二年に中国国立中央戯劇学院で学生の指導に関わるようになり、のちに両学院の名誉教授に就任した。中国の「名誉教授」は近年日本で「栄誉教授」と呼ばれる現役教員に近いようだ。メソッドの訓練の模様の詳細はすでにビデオに収録されて大学に保管されている。

日本の俳優訓練にほとんど採用されていない状況で、鈴木が中国の「最高権威」とされる演劇教育機関で訓練と指導を続けることには複雑な感慨を覚える。俳優訓練法が他国に大移動した先例として、リー・ストラスバーグがスタニスラフスキー・システムを換骨奪胎してアメリカで土着化させ、そのメソッドがハリウッドを席巻した前歴がある（アクターズ・スタジオの芸術監督に就任）。だがこの場合は、ソ連（ロシア）にモスクワ芸術座の「正統」の訓練機関が存在した。スズキ・トレーニング・メソッドは、SCOTなきあとには日本語圏の継承者がないままに中国やアメリカに引っ越してしまうのか、危惧なしとしない。

中国政府は演劇（身体制御と精神昂揚促進術）に重大な価値を付与している。一九九九年、瀋陽の中国演劇祭[*15]で、私は赤軍の劇団の舞台を見た。洪水に立ち向かう軍と党の偉業を讃えるチープなプロパガンダだったが、「技倆」抜群であることは間違いなかった。よしんば中国の演劇人が、鈴木を芸術のために招聘したのであるにせよ、鈴木の創造したシステムが、国家の政治目的に換骨奪胎されて活用されるとしたら鼻白む思いを禁じ得ない。

様々な領域への展開

二〇一〇年には、第五回シアター・オリンピックスが韓国・ソウルで開催され、鈴木演出の『ディオニュソス』が韓国国立明洞芸術劇場で上演された。明洞芸術劇場は、日帝支配の時代の施設を、建設時の痕跡を一部残しつつ改築された劇場である。

一一年には、台湾の俳優で歌謡劇『茶花女』を「台北国立中正文化中心」の国家戯劇院で上演した。全編台湾で流行した歌謡曲で綴られた『椿姫』である。鈴木は、絵空事のような恋物語の換骨奪胎を試みた。台湾では北京語と台湾語が話される。いわば「標準語」と「ド方言」である。鈴木は上流階級の役柄には外省人の北京語を、大衆には台湾語を話させた。娼婦マルグリットは社交界では北京語を話す。アルマンも北京語である。だが二人を引き裂くアルマンの父は「成り上がり者」だから台湾語を話す。観客は「田吾作語」に爆笑した。だが、アルマンとの永訣を決意したマルグリットが突然台湾語を話すその瞬間、華やかに着飾ったマルグリットの出生も貧民であることを観客は気づかされるのである。主演の翁寧謙は、どういう身振りが自分を美しく見せるかをよく心得ていた。彼女は、後に利賀でロクサアヌを演じた。

一二年九月、第一回アジア演出家フェスティバルが利賀で開催された。当初の参加は中国、台湾、韓国、日本で、若手中堅の演出家が一人ずつ同じ作品を上演し、演出家や俳優たちが、互いの舞台を批評し合い、議論することが眼目だった。初年度の最終日、通常では対話困難な台中の演出家が、日本の利賀で深夜まで話し込む姿は感動的だった。後にインドネシアも加

＊15　一九九九年、中国、瀋陽で開催されたＢｅＳｅＴｏ演劇祭は、同じ会場で、中国演劇祭の中に組み込まれて行われたために、中国演劇祭の演目もかなりたくさん見ることができた。中国では、国民への政治教育のために軍が劇団を持っているということは聞いて知っていたが、舞台を観たのはこの時が最初の経験だった。

『リア王』モスクワ芸術座版

わった。このフェスティバルは一八年まで実施され、一九年はシアター・オリンピックスのため開催されず、二〇年以後再編される予定だったが、コロナ禍で中断している。

世界に広がる

二〇一四年には第六回シアター・オリンピックスが中国・北京で開催され、SCOTは『リア王』と『シラノ・ド・ベルジュラック』を長安大劇院で上演した。一五年には、中国北京近郊の万里の長城山麓にある古北水鎮に長城劇場が完成し、一六年から開催された古北水鎮芸術塾を鈴木が指導した。オープニング記念は『ディオニュソス』だった。

同年、全米演劇人協議会（Theatre Communication Group）から、鈴木の演劇論の英語訳『Culture Is the Body』が出版され、中国、イタリア、リトアニア、ギリシャ、インドネシアで翻訳された。[*16] 本書の刊行は、世界各地で演劇人が鈴木の方法を学ぶことに貢献した。二〇一八年には、インドネシア、中国、日本の俳優による『ディオニュソス』（日本・インドネシア共同制作）がインドネシアのプランバナン寺院群前の野外劇場で上演された。SCOTが結成以来外国に招聘されたのは以下の三三の国・地域の八八都市に及ぶ。[*17] 何度も訪れている都市も少なくない。

アメリカ（ニューヨーク、ミルウォーキー、シカゴ、セントルイス、ロサンゼルス、ワシントン、サンディエゴ、ボルチモア、バークレイ、ミネアポリス、スプリングフィールド、パーチェス、サラトガスプリングス、アイオワ、サンフランシスコ、デラウエア、ピッツバーグ）、**アルゼンチン**（ブエノスアイレス）、**イギリス**（ロンドン、エジンバラ）、**イタリア**（ローマ、ウディネ、ヴェネツィア、ミラノ、ヴィチェンツァ、アスティ、ナポリ）、**インドネシア**（ジョグジャカルタ）、**オーストラリア**（シドニー、キャンベラ、メルボルン、アデレード、ホバート）、**オーストリア**（ウィーン）、**オランダ**（アムステルダム）、**カナダ**（トロント）、**韓国**（ソウル、ウィジョンブ、アンサン）、**ギリシャ**（アテネ、テッサロニキ、デルフォイ、エピダウロス）、**コロンビア**（ボゴタ）、**ジョージア**（トビリシ）、**シンガポール**（シンガポール）、**スイス**（ジュネーブ）、**スウェーデン**（ストックホルム）、**スペイン**（マドリッド、テネリフェ、ラスパルマス、パンブローナ、ビルバオ）、**台湾**（台北、高雄）、**中国**（北京、上海、南京、広州、マカオ）、**チリ**（サンチャゴ）、**デンマーク**（コペンハーゲン）、**トルコ**（イスタンブール）、**ドイツ**（ベルリン、ボン、フランクフルト、シュトゥットガルト、ミュンヘン、デュッセルドルフ）、**フィンランド**（ヘルシンキ、ラフティ）、**フランス**（パリ、ナンシー、グルノーブル、ボルドー、ラ

＊16　TCGが二〇一四年に出版した『Culture Is the Body』は、SCOTが二〇〇八年に出版した同名書籍を増補改訂、英語に翻訳して刊行したものである。二〇〇八年版の中国語版は、中華民国で出版された『文化就是身體』（中正文化中心、二〇一一年）である。

＊17　SCOT公式サイトの「海外公演歴」参照。

『ディオニュソス』
プランバナン寺院群前野外劇場（インドネシア）

『ディオニュソス』
古北水鎮・長城劇場（中国）

ンス、モンペリエ)、ブラジル(サンパウロ)、ブルガリア(ソフィア)、ベルギー(ブリュッセル、アントワープ)、香港(香港)、ポーランド(ワルシャワ、ブロツワフ)、ポルトガル(リスボン)、リトアニア(ビリニュス)、ロシア(モスクワ、サンクトペテルブルク)。

招聘された地域の広がりは鈴木忠志の方法の普遍性の証にほかなるまい。

3 〈縮む日本〉との対峙

アポリアとしての「日本」に挑む

SPAC退任後の新作の第一作は「前衛漫画劇」と銘打たれた。二〇一〇年の『新・帰ってきた日本』である(前出『鈴木忠志演出・台本集Ⅲ』では、こちらが『帰ってきた日本 第二部』、後述の『新々・帰ってきた日本』が『帰ってきた日本 第一部』となっている)。テーマは「日本」、舞台はおそらく精神病院、登場人物はすべて患者だ。

まず、落ちこぼれの息子と母親の間の大根談義から始まる。大根談義のルーツは一九九四年の旧作『帰ってきた日本』に遡る。母親が大根料理の効用を説き聞かせながら、芝居に役者として参加するよう説得する。そこに「天に一つの陽があるように　この世に道理がなくてはならぬ」と北島三郎の歌う「仁義」[*18]が朗々と響き渡る。

「任侠研究家」の女が「任侠とは、困っていたり苦しんでいたりする人を見ると放っておけず、彼らを助けるために咲く昔の中国人や日本人の好きな花の一種である。またこの花の咲き方を指向する者を『任侠の徒』といった。この任侠の徒が、お互いに助け合うことを目的に組織化され肥大化し、あちこちの国で咲く花が国家という花である」と本の一節を読み上げると美川憲一の「おんなの朝」が流れて劇中劇が始まる。

長谷川伸の『沓掛時次郎』である。落ちこぼれが演じる六ツ田の三蔵を斬ろうと渡世人が打ち揃って奇妙なすり足で現れる。渡世人たちは「日本」の三蔵とか、「中国」の時次郎・「韓国」の百助・「モンゴル」の鎌吉・「ベトナム」の半太郎・「インドネシア」（二〇一〇年初演時は「インド」、台本集では「インドネシア」）の森介などすべて国名の姓を名乗る。三蔵は百助、鎌吉、半太郎を撃退するが中国の時次郎に斬られて死ぬ。すると突然患者と看護師が現れる。二人は日本文化を論じ合う。看護師は患者にルームランナーの上を歩かせつつ「雪の渡り鳥」を朗々と歌う。劇中劇は『関の弥太っぺ』に代わる。落ちこぼれが演じる日本の徳蔵は、また「中国」の弥太郎に斬られて死ぬ。その後、「朝鮮の将軍」（前出『鈴木忠志演出・台本集Ⅲ』の役名は「朝鮮の渡世人」となっている）が、韓国・ベトナム・モンゴルの渡世人の囲む酒宴の席

＊18　星野哲郎作詞、中村千里作曲、一九六九年。

に「スケベ医者」なる白衣の青年の首根っこを押さえて闖入し、この医者が韓国の差し金で朝鮮の将軍の命を狙った落とし前をどうつけると談じ込むのである。とぼける渡世人たちに捨て台詞を残して「朝鮮の将軍」は去る。

斬られる日本

「朝鮮の将軍」はその後、「任侠研究家」の看護師を〈喜び組〉のように侍らせて再び現れる。女は、日本人はどうしてこんな「お芝居」を毎日繰り返すのかと聞き、将軍は「習慣」だと答える。そして日本を望遠鏡で覗き、日本に「おでき」を見つけたという。この対話はベケットの『勝負の終わり』の一節である。そこに「イエスタディ・ワンス・モア」が流れ二人は歌う。

♪わたしの好きな愛の唄　時は流れ　あの日の唄　戻ってきたわ
別れた人　帰るように　聞こえてきたの
エヴリ　シャラララ　エヴリ　ウォウォウォウォ

「日本」は合計三度「中国」に斬られる。やくざはみな「東アジア共同体」（鳩山由紀夫が「東アジア共同体」といったのは二〇〇九年だ）を思わせる「アジア兄弟会」に属している。アメリカもイスラムも出てこない。〈世界〉は東アジアだ。「日本」には「できもの」ができ、ニッポ

『新・帰ってきた日本人』

ン精神のシミュラークル（お芝居）を繰り返すだけになっている。もうオシマイだ。それを「朝鮮の将軍」に指摘されるのだ。「自虐史観」など可愛いものである。

アジア兄弟会の「諸国」もおしなべて戯画化される。軟弱な卑怯者扱いの「韓国」「ベトナム」「モンゴル」、少しオカシイ「インド」、好色の将軍「朝鮮」、所詮殺し屋でしかない「中国」。どの「国民」であっても、意味がわかれば矜持を逆撫でされるだろう。しかし、眼目は、日本の沈没をドギツク告知する演出家の凄まじい挑発である。

二つの舞台で特筆すべきなのは落ちこぼれ役の植田大介とお袋役の齊藤真紀が大ブレークをしたことだ。齊藤真紀はSCOT女優陣の核になった。

己の影を踏むように

二〇一一年には『新々・帰ってきた日本』が初演される。舞台はバーブ佐竹の「女心の唄」で開幕する。壊れた車と瓦礫とゴミの山。もちろん〈三・一一以後〉の示唆である。原作は長谷川伸の『瞼の母』、それに介入するように、日本人の母恋いを批判する寺山修司と石子順造の対談が、呑んだくれの団塊世代らしき風貌の男ふたり（加藤雅治、塩原充知。忠太郎と弟分の半次郎の命をつけ狙う悪役と二役）によって演じられる。

忠太郎は「日本人」（石川治雄）と呼ばれる。己を見失った日本人の、わが影を追う半永久的ディアスポラが示唆される。忠太郎（日本人）は目の前の他人（半次郎、劇中では演じる俳優

『ニッポンジン』（旧題：新々・帰ってきた日本）

植田大介に因んで「大介」と呼ばれる）の母の、子を思う気持ちにほだされ、ますます自分の「瞼の母」への思いを募らせるが、現実の母（齊藤真紀、大介の母と二役）に幻想を打ち砕かれる。

瞼の母　日本人さん、お前さんも親を尋ねるのなら、何故堅気になっていないのだえ。
日本人　おかみさん。親に放れた小僧ッ子がグレたを叱るは少し無理。堅気になるのは遅蒔きでござんす。ヤクザ渡世の古沼へ足も脛まで突ッ込んで、洗ったってもう落ちッこねえ旅にん癖がついていてしまって、何の今更堅気になれよう。

「親」に「経済的庇護」を代入すれば、現代の格差社会そのものだ。豊かになった日本人が豊かになれない日本人を追い払うのである。追い返してから後悔して後を追っても「遅蒔」なのだ。さらにラスト・シーンに趣向が凝らされる。上のほうから「観察する将軍」（前作の役名は「朝鮮の将軍」）と愛人が見下ろしていて、前作同様、『勝負の終わり』の台詞がやり取りされる。これは三・一一以後の日本人の死に至る彷徨の示唆ということになろうか。このバージョンは、その後『新釈・瞼の母』（一三年）、『ニッポンジン——「瞼の母」より』（一六年）と改題され、その都度マイナーチェンジが重ねられている。

新版『トロイアの女』の上演

二〇一四年、鈴木は『トロイアの女』の「新版」を演出し、齊藤真紀が主演をつとめた。長い「封印」には、主演した白石加代子への想いが籠もっていたように私には見える。だが、集団の総力が白石の在籍していた時代を遙かに超えた今、齊藤真紀が優に白石の代わりを担える、と鈴木は判断したのだろう。

二〇一二年、蜷川幸雄がイスラエルの公共劇場と東京芸術劇場の共同企画で『トロイアの女たち』を上演し、白石加代子が主演した。この上演は、イスラエル・日本外交関係樹立六〇周年記念の共同事業で、二国の俳優のほかに、イスラエル居留の、自由を奪われたパレスチナ人俳優をコロスに参加させた。イスラエルの国是をパレスチナ抜きで日本国家に認証させる政治的に最悪の企画に筆者には思われた。抗議の声があちこちから上がった。

現代に『トロイアの女』を上演する以上、戦争批判というテーマを避けることはできない。この場合、強者への加担や中立は許されないはずだ。だが企画立案者たちの立場は、中立を決め込むことで強者を正当化するものに見えた[*19]。

鈴木はこの舞台は見ていない。しかし、内容はどうあれ、白石が別の演出家の下での再演を決断したことが、鈴木が新版の演出を決意した契機の一つとなったと推測される。

＊19　拙稿「誰の平和を祈るのか」『テアトロ』二〇一三年二月号。

討議の空間への執着

議論の場を設けることに鈴木はさらに精力的になった。ＳＰＡＣ芸術総監督時代の一九九八年から、演劇人会議機関誌『演劇人』が刊行されてきたが、二〇〇七年に二五号で終刊すると、〇九年から『利賀から世界へ』が刊行された（一‐一一号、〇九‐二〇年、舞台芸術財団演劇人会議〔現・利賀文化会議〕刊）。そこには劇評や論文だけでなく、「利賀フェスティバル」（一九九九年まで）に代わる「ＳＣＯＴサマー・シーズン」で行われたシンポジウム、講演、トークの記録が必ず掲載された。主な登場者は次の通りである。

〇八年　柳仁村〔韓国・文化体育観光部長官〕、鈴木忠志、髙木繁雄〔北陸銀行頭取〕、大澤真幸、水野和夫、石井隆一〔富山県知事〕、大久保満男。
〇九年　水野和夫、島田裕巳、山村武善、黒崎政男、苅部直、菅孝行、鈴木忠志、柳仁村、石井隆一。鈴木忠志Ｑ＆Ａ。
一〇年　平田オリザ、鈴木忠志、中島諒人、金森穣〔振付家・新潟市民芸術文化会館舞踊部門芸術監督〕。
一一年　大澤真幸、苅部直、水野和夫、浅田彰、磯崎新、鈴木忠志。鈴木忠志Ｑ＆Ａ。
一二年　松島泰勝〔経済学〕、山下祐介〔社会学〕、大澤真幸、五十嵐武士、水野和夫。鈴木忠志Ｑ＆Ａ。

一三年　黎継徳（演劇ジャーナリスト）、高揚（演劇学）、李応寿（演劇学）、鄭大成（演劇史学）、菅孝行、神山彰（演劇史学）、以上はBeSeTo演劇祭のプログラム。鈴木忠志Q&A。
一四年　水野和夫、大澤真幸、白井聡（政治学）、磯崎新、菅孝行。鈴木忠志Q&A。
一五年　菅孝行、大澤真幸、渡辺保、水野和夫。鈴木忠志トーク。
一六年　渡辺保、鈴木忠志、菅孝行、河野孝（演劇評論家）、内野儀、磯崎新。鈴木忠志トーク。
一七年　菅孝行、大澤真幸、苅部直、山村武善、渡辺保、鈴木忠志。鈴木忠志トーク。
一八年　河野有理（政治史学）、井田太郎（日本文学）、苅部直、西垣通、武田将明（英文学）、大澤真幸、近藤康太郎（朝日新聞記者）、山下隆一（東京電力ホールディングス取締役）、水野和夫、菅孝行、鈴木忠志、渡辺保。鈴木忠志トーク。
一九年　菅孝行、内野儀、山村武善、苅部直、西垣通、水野和夫、大澤真幸、渡辺保。鈴木忠志トーク。

ここにも世界について論じることへの鈴木の強い執着がうかがえる。鈴木はよく「俺は演劇をやっているつもりはない、やっているのは世直しだ」とジョークを言う。「世直し」は磯崎新の言う「演劇についての演劇」「世界批評」にも通じる。鈴木の演劇活動は、表現とその外側との境界のせめぎ合う地平に、相互に交錯し合うものとして成立する。利賀芸術公園は、その活動を載せている不可欠の〈境界〉なのである。

二〇一八年、利賀での鈴木忠志トークの質問の際に手を挙げた青年は「ここには二つの異なる時間が流れている」といった。〈利賀は境界だ〉という含意だろう。彼は防衛大学校の学生であり東浩紀編集の『ゲンロン』の愛読者だった。この若いマージナルマンは自衛隊には任官せず、ＳＣＯＴに入団した。

第Ⅷ章

「ニッポンジン」と向き合う（2014－）

1　デタラメの効用

扉写真：
『トロイアの女（新版）』
齊藤真紀
新利賀山房／2014年

この一〇年――「新作」の主題

（…）われわれの皮膚の色が変らない限り、われわれにだけ課せられた損は永久に背負つて行くものと覚悟しなければならぬ。尤も私がかう云ふことを書いた趣意は、何等かの方面、たとへば文学藝術等にその損を補ふ道が残されてゐはしまいかと思ふからである。

これは、第Ⅳ章でも引用したが、鈴木忠志の『別冊 谷崎潤一郎』の演出ノートから孫引きした谷崎潤一郎の『陰翳禮賛』の一節である。前に、この「覚悟」は鈴木自身のものでもあろう、と書いた。利賀の拠点強化を本格的に始めてからの鈴木忠志の仕事を見ると、その感をますます深くする。この一〇年の鈴木忠志演出作品の初演年譜を見てみよう。

二〇一〇年八月　『新・帰ってきた日本』新利賀山房
二〇一一年二月　『茶花女』台北国立中正文化中心・国家戲劇院
　　　　　八月　『新々・帰ってきた日本――「瞼の母」より』利賀・岩舞台
二〇一二年五月　『シンデレラ　シンデレラ』静岡芸術劇場
二〇一三年八月　『新釈・瞼の母』新利賀山房
二〇一四年八月　『からたち日記由来』（鹿沢信夫作）利賀山房
　　　　　八月　『トロイアの女（新版）』（エウリピデス原作）新利賀山房
二〇一六年八月　『幻影日誌』（鹿沢信夫作）利賀山房
　　　　　八月　『ニッポンジン――「瞼の母」より』（長谷川伸、ベケット他原作）新利賀山房
二〇一七年八月　『北国の春』（鹿沢信夫作）利賀山房
二〇一八年八月　『津軽海峡冬景色』新利賀山房
二〇二〇年八月　『世界の果てからこんにちはⅡ（果てこんⅡ）』利賀野外劇場

前回触れた『茶花女』（原作『椿姫』）、『トロイアの女（新版）』と、『シンデレラ　シンデレラ』を除くと、ことごとく日本・日本人を主題とする作品である。『帰ってきた日本』シリーズについては前回言及した。

『からたち日記由来』――デタラメが生む真実

残るのは『からたち日記由来』『幻影日誌』『北国の春』『津軽海峡冬景色』『果てこんⅡ』の五作、いずれも歌謡曲演劇である。『からたち日記由来』の舞台は次の口上から始まる。

人間は誰でも、心の片すみに、一冊の『からたち日記』をもっているとは、かの泰西の革命家カール・マルクスでありました。そうです。誰もが、持っているのです。では何故それが、今まで人々の目や耳に、触れることがなかったのでありましょう。（…）『からたち日記』とは、他人のために書かれたものではなかったからです。自分のため、ただ自分のひそやかな願いごとのためにのみ、書かれるものだったからです。

物語はかつてチンドン屋であった、精神に失調をきたした女が、親族の助けを借りて語る「講談」として展開する。周知のように島倉千代子の歌った「からたち日記」の作詞は西沢爽で、一九五八年の作である。だが、この「講談」では、歌詞が書かれたのは大正時代、孤独のうちに死んだ枢密院副議長芳川顕正の娘鎌子の日記から発見された遺作ということになっている。[*1]
学習院女学部を卒業した鎌子は親の決めた養子縁組で一子を儲けるが、夫は仕事を理由に家を空け、浮気三昧の日々である。鎌子は、お抱え運転手倉持と道ならぬ恋に墜ち、鉄道心中を図るが一人だけ生き残る。折しもロシア革命の時代、政府と芳川伯爵は議会で野党から、皇室の藩屏《はんぺい》の醜聞は革命勢力を利する、国辱の鎌子を死刑にしろと攻撃される。鎌子は華族籍を剥奪されて剃髪し、信州の山奥でやがて死を迎える。

「ただ自分のひそやかな願いごとのためにのみ、書かれる」『からたち日記』とは何だろう。不可能の夢を抱き続けることだけを生きる支えにする孤独者の日記《ひめごと》であろうか。それは事実である必要は毛頭ない。鎌子のスキャンダル自体は事実だが、後は〈でたらめ〉の連続である。マルクスがあんなことをいうわけがないし、ロシア革命の時代なのに総理は田中義一だ。一九一七年当時の首相は寺内正毅、田中は一九二八年の山東出兵の際、天皇裕仁に叱責されて悶死した軍人首相である。また、このスキャンダルは週刊誌で大騒ぎになったとされているが、この時代に、男女のスキャンダルを扱う週刊誌は存在しない。出版史上最古の週刊誌は一八七七年

＊1　モデルは現実に存在した。枢密院副議長芳川顕正は四女の鎌子に曾禰荒助子爵の次男寛治を婿養子にとった。実業家だった寛治は妾宅に入り浸って放蕩三昧の限りを尽くしたという。鎌子は一九一七年六月、運転手の倉持陸助と恋仲となり、千葉駅近くで電車に飛び込み心中を図ったが死にきれず、倉持は自殺し、鎌子だけ生き残った。

生き残った鎌子は、倉持の後釜の運転手出沢佐太郎と出奔し、芳川家は鎌子を勘当した。鎌子は出沢とふたりで貧しい暮らしを続けたが、やがて出沢から「婦人病」をうつされ、腹膜炎で亡くなったという。心中未遂の後、剃髪して信州の山奥で暮らし、死んだというのはフィクションである。

『からたち日記由来』

発刊の『團團珍聞《まるまるちんぶん》』だが、[*2] 一九〇七年に廃刊に追い込まれている。一八九五年創刊の『週刊東洋経済』は男女の醜聞など決して扱わなかった。次は一九二二年の『週刊朝日』『サンデー毎日』、二三年の『週刊エコノミスト』なので、華族の不倫を書きたてる週刊誌は一九一七年には存在しえない。それでも週刊誌が掻き立てたと語るのは、もちろん「わざと」だ。〈でたらめ〉であればあるだけ妄想が〈真実〉となる。これは鎌子の「ただ自分のひそやかな願いごとのためにのみ」書かれたとされる〈妄想〉である。それは鎌子の悲劇を物語る「発狂」した女講談師の〈妄想〉でもあり、「作者」の妄想でもある。

作者の「不在」――妄想のマトリョーシカ

「作者」は誰なのか。初演当時、鈴木と同じ学生劇団に所属していた学生運動家、鹿沢信夫の遺作だと鈴木は書いた（当時の演出ノートにはそう書かれていたが、今残っているブログ二〇一四年三月二四日からは削除されていて鹿沢信夫が実在の人物と書かれた「証拠」はない）。鹿沢は「大学卒業後は貧しい人たちのための社会活動に従事していたが肺結核を患」い、故郷で療養したのち三六歳で亡くなったという。これが事実なら、不遇であった鹿沢信夫の「ただ自分のひそやかな願いごとのためにのみ」書かれた作品でもある。

だが鹿沢信夫は実在しない。鈴木と一緒に早稲田大学自由舞台にいたのならば、当時のパンフレットに名前が出ているはずだ。私は、捨てずに残してあった古い自由舞台のパンフレットを漁った。だが鹿沢信夫の名はない。鹿沢信夫は鈴木忠志の分身である。『からたち日記由来』には、原型となる鈴木忠志作のラジオドラマがあると聞く。

私は①鈴木忠志が作った鹿沢信夫、②鹿沢信夫が作った女講談師、③女講談師が作った芳川鎌子、④芳川鎌子が書いた『からたち日記』という四重のマトリョーシカを思い描く。鈴木は

＊2 『團團珍聞《まるまるちんぶん》』は社会風刺雑誌。通称マルチン。一八七七年創刊時は、藩閥政府批判で注目されたが、たびたび政府に弾圧されて誌面が変わり、芸妓の情報と漫画を主体とする雑誌に変貌した。それでも経営が成り立たず、一九〇七年に廃業した。事件が起きた一九一七年には存在しない。

この戯曲を、無名の作者の遺作とすることで同じ時代を生きた無名者の想像力の総量を舞台に呼び出そうとしたのではあるまいか。重層的妄想に横串をさして具象化したのは内藤千恵子である。内藤は女講談師チエコの「狂気」を演じることで、女優として飛躍を遂げた。『劇的なるものをめぐってⅡ』が話題だった頃、白石加代子は「狂気女優」と呼ばれた。だが「狂気」を演じる女優は「狂人」ではない。舞台上に「狂気」を自分の「身体で書く」のは、「狂気」とは皮膜の間で隔てられた〈こちら側〉にいる俳優の仕事であり、誘導するのは演出家である。内藤は、四重の「狂気」を己の身体で舞台に描き切った。

『幻影日誌』——これもまたデタラメ

二〇一六年八月には『幻影日誌』が初演された。『からたち日記由来』の〈二の替わり〉である。前回は一家三人で芳川鎌子の哀しきスキャンダルを語ったが、今回は「杉村いすず」——名前は杉村春子と山田五十鈴、生きた人生のモデルは松井須磨子と杉村春子の「合成」である——という女優の一代記である。それを女講釈師が演じたのか、舞台全体が女講釈師の幻想なのか定かでない。二つの次元の皮膜の間に、「杉村いすず」と女講釈師が、つまりは近代化された知的女性と泥臭い下層芸能者のそれぞれの妄想が絡まり合う。二作に共通するのは、外国の歴史的大事件が日本に波及するところから始まること、年代記的にはひどいデタラメの連鎖であることだ。冒頭、一八六三年の、リンカーンのゲティスバーグ・アドレス（演説）が

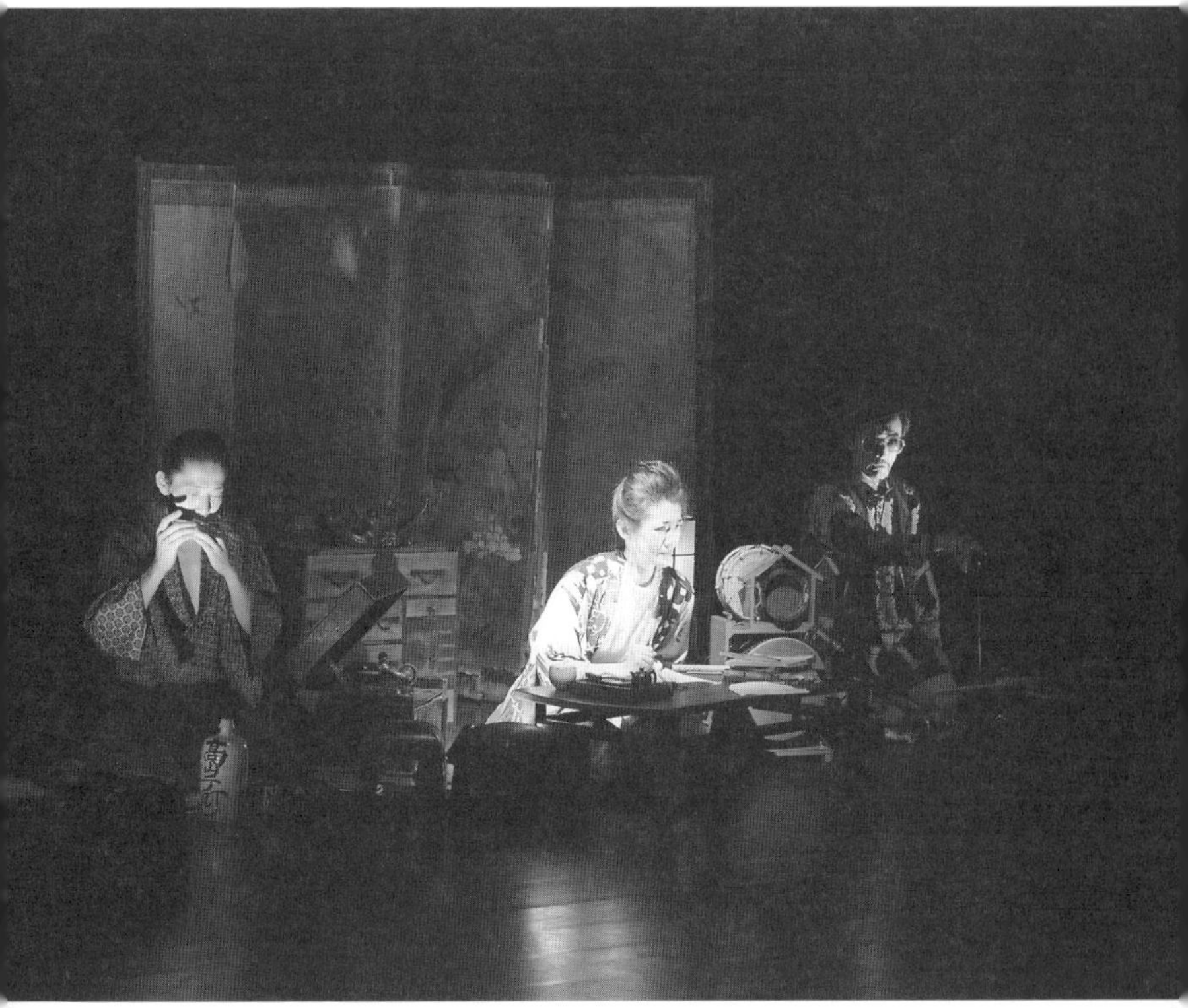

『幻影日誌』

「電波に乗って越えて」くる。文久年間の日本に「電波」など来るわけがない。また、語り手はリンカーンの奴隷解放は日本の女性に男性からの隷属を脱する自覚を促したというのだが、幕末に近代的女性解放思想など生まれようがない。

塩原充知の講釈《かたり》では、まず青鞜社創立者の平塚らいてうの言葉と思しき台詞が続き、この女性解放思想に目覚めた一人の〈女優〉が帝国劇場の舞台に立ったとされる。だがそれに続けて、日本の女たちの独立の主張は世の受け入れるところとならず、女性は男性に隷属し続け、日本の男どもはなぜか男に捨てられた女の哀しみの〈唄〉を愛唱し続けたと語る。かくて、この舞台でも〈男が身勝手に描いた、期待される女の言動〉[*3]、つまりは男が簒奪した女の情念が次々に歌われるのだ。

劇中歌には「影を慕いて」「新妻鏡」「悲しい酒」「天国に結ぶ恋」などが並ぶ。これらの唄が流行した年代は、物語とは無関係である。「影を慕いて」と「天国に結ぶ恋」がヒットしたのは一九三二年、「新妻鏡」は四〇年、「悲しい酒」に至っては六六年である。

事実関係を追いかけていくと眩暈がしてくる。このデタラメも「計算づく」なのだ。様々な不整合は、時系列の前後関係が意味を失って循環し、結果として時間が百年止まっているニッポンの表徴となる。いつの時代であろうと、誰が首相であろうと、奴隷解放であれロシア革命であれ〈外〉からの刺激をお構いなしに飲み込んで、結果をすべて帳消しにするのが〈神の国〉の「民」であり、そこでは、女性解放も不可能なら、女の恋の成就も不可能で、男は女の情念の表象を消費し続け、女は軛《くびき》に繫がれたままである。
杉村いすずという輸入された近代の担い手は、チンドン屋の「狂女」が体現するメールストロームの渦[*4]のような〈大衆〉の幻想の激流に飲み込まれる。「女優」は抱月か小山内のような洋行帰りの「先生」に心を寄せる。他方、彼女のドッペルゲンガーである女チンドン屋は、女優になり代わった妄想のなかで枢密院議長五木田良一と誼《よしみ》を通じる。〈大衆〉を一筋に愛する女は、「天皇陛下」一筋に仕える五木田を通して、愛を「陛下」に収奪される。おそらくこれが日本近代を滔々と貫いた〈大衆〉の国家宗教なのだ。しかもそれは、歌謡曲の抒情として、人々の心象や記憶に刷り込まれてきた。

「神の国」の大衆の幻想

気になるのは「狂女」の幻想の行方である。リンカーンが作った「民の国」アメリカの末裔に「神の国」日本が敗北し、五木田という幻想に励まされて再び舞台に立つ決意をした「女

＊3　前出、鈴木忠志「『流行歌劇　カチカチ山』演出ノート」。
＊4　ノルウェーのモスケン島付近の非常に強い海流が生み出す大渦巻。これに因んだ作品はエドガー・アラン・ポーに『メールストロームの渦巻』（佐々木直次郎訳、新潮文庫、一九五一年）である。その後翻訳が幾つも出された。渦巻の表現は誇張されたものだという指摘がある。

優」が死んだ時にひとまず「死んだ」ように見える。しかし、ここで、この物語の時系列がデタラメだという仕掛けが効いてくる。時系列がデタラメでも、この国には、いつ、誰、など問題でなく、別のリアリティの岩盤が存在するということだ。先にも触れたように、「悲しい酒」は高度成長期の曲だし、古賀政男は一九七八年まで健在だった。美空ひばりは「平成」まで生きた（一九八九年没）。歌謡曲が体現してきた国家宗教の叙情は、「神の国」の敗北によっても終止符を打たれもせず、[*5]失調を来した「狂女」の幻想のなかに生きのびてきたのだ。

怨念と、怨念を生み出す蹉跌の基盤が生きている限り、ジャニーズ系やAKB系のナンバーやエグザイルの歌も代入可能なのだ。肝心なのは「陛下一筋」の五木田をよりどころにする〈大衆〉一筋の女を惹きつける集合的観念体系が持続していることだ。また、それが、大衆とインテリの幻想が渾然一体となった「神の国」の民全体の幻想だということである。

『幻影日誌』初演時に配布された鈴木忠志の文章によると、[*6]一九二八年に「影を慕いて」を書いた（藤山一郎のカバーで大ヒットしたのは一九三二年）古賀政男の創作動機は、失恋ではなく、革命の不可能への口惜しさだったという。[*7]そう知ってから聴くと、なにやらトンデモナイ歌に感じられる。

♪まぼろしの影を慕いて雨に日に　月にやるせぬわが想い
つつめば燃ゆる胸の火に　身は焦がれつつ　しのび泣く

革命や維新の夢の抑圧に対する怨念までもがまるごと攫《さら》われて「陛下一筋」の「海ゆかば」に集約されるのだ。「民の国」アメリカが「神の国」日本に勝った後もアメリカの手でこの集合的観念は生き延びさせられた。しかも、敗戦後の〈大衆〉の唄が体現している心性は、一方で憲法九条（絶対平和主義）、他方で沖縄軍事基地常駐・核兵器持ち込み容認（自発的対米隷属）のオプションつきで成立している。[*8]〈「民の国」に負けて七十余年、「神の国」の「民」で

＊5　ジョン・ダワー『敗北を抱きしめて』には、GHQ幹部のケーディスが、日本人の天皇崇敬（国家宗教）は占領統治を妨げないという見解をマッカーサーに具申とある。構想の立案から実施に至る経緯については、前出の加藤哲郎『象徴天皇制の起源』参照。天皇裕仁がこれに積極的に関わった経緯に関しては、前出の豊下楢彦『昭和天皇の戦後日本』、その呪縛が二一世紀に至ってもなお日本人、日本社会、日本国家の政治を束縛している状態については白井聡『永続敗戦論』（講談社＋α文庫、二〇一六年）などに記されている。

＊6　鈴木忠志「尽きない妄想」二〇一五年三月一九日、前出ブログ「見たり・聴いたり」。https://www.scot-suzukicompany.com/blog/suzuki/2015-03/203/

＊7　池田憲一『戦後流行歌の軌跡』には古賀政男の次のような述懐が引用されている。「世の中は金が全てではないはずと思って明大に入り、アルバイトをし、汗水流して卒業してみたら、どうです、社会から与えられたのは雀の涙ほどの給料、これが歯を食いしばって大学を出た代償かと思ったら、情けなくて自殺まで考えました。マルクスを学び、本当に一時期はそちらに走ろうかとまで思いました。『影を慕いて』は失恋に形を借りた私の絶望感の表現だったのです。気障ないい方ですが、あれは生活苦の歌なんですよ」。

あるあなたは、この茶番にどんな始末をつけるのですか〉と観客は問いかけられる。これは、文化、社会をともにする集合体の矜持と覚悟と人倫の問題である。[*9]

2 歌謡劇の変容

『北国の春』――多重人格と認知症

二〇一七年八月、歌謡曲劇第三弾の『北国の春』が初演された。前二作とはかなり趣を異にする。内藤千恵子演じる母親が「北国の春」を歌い、塩原充知の父親がクラリネットを奏でるという、前作、前々作とよく似た始まり方をするものの、その後は父母と息子の大介の「対話」と、大介と、大介に住み込んでしまった〈「くっついちゃった」〉分身〈他者〉たちの相克によって進行する。母子の「対話」は、どこまでも行き違って成立しない。他方、大介の〈内部〉では、大介と、大介に「くっついちゃった」分身＝他者〈男1、男2、男3、女〉が激しい葛藤を繰り返す。手を替え、品を替え、大介を責めたてる分身たちを抱え込みながら、大介はあたかも統一された一個の人格であるかのように母の人格と対峙する。蝦蟇《ガマ》の油の睨めっこの果てに大介は親殺しに至る。それは「亡霊と宇宙人」の闘いである。[*10]いうまでもなく「亡霊」とは、SNSの世界から隔絶された、大介たちから見た親世代のことであり、「宇宙人」

とは、親世代から見た、ＳＮＳこそがリアルと感じる大介世代以降のことである。

大介の分身たちとは、ＳＮＳで交信しているうちに、電子的に大介が自分の脳内に入り込ませてしまった、アナログの次元では見ず知らずの他者たちのことらしい。大介にとって彼らは一面未知の他者だけれども、半面自他を区分できる確かな境界を識別できないほど内面化されてしまっている。

＊8 前出、豊下楢彦『安保条約の成立』参照。
＊9 戦後日本のあり方を肯定する勢力は、それがアメリカに護ってもらった体制であるがゆえに、占領統治が終わってもアメリカに自発的に隷属する以外の選択肢を持つことができないという屈辱的な現実をあからさまに認めることを拒んでいる。自発的隷属という本来なら肯定しえない事態から目をそむけ、現実を肯定し続ける態度は欺瞞的である。他方、戦後日本のあり方を否定する勢力は、この体制を覆すことができず、中国の覇権国家化の進展で、今後覆す方途を見出すことも一層困難になっているという現実と正面から向き合わず、否定が惰性でしかなくなっていることをあからさまに認めることを拒んでいる。このままでは否定を現実に変ええないことから目を塞いで題目を繰り返すだけの態度は欺瞞的である。日本人は、戦後史の因果を肯定しても否定しても自己欺瞞から逃れることができない。いずれにせよ、日本国家の「民」は国家の成り立ちに刻印された自己欺瞞を免れない。日本人の人倫の問題というのはそういう意味である。
＊10 鈴木忠志「亡霊と宇宙人」、「SCOT SUMMER SEASON 2017」パンフレット所収。初出は鈴木忠志のブログ二〇一七年八月一二日。https://www.scot-suzukicompany.com/blog/suzuki/2017-08/235/

『北国の春』

大介の両親には老いの影が色濃い。もともと無能で半身不随の父親は「天声人語」の切り抜きを作るしか能がない。つまり「天声人語」に象徴される〈戦後〉の時空、停止したままの時空にとどまり続けるだけである。母親は、今の暮らしを抜け出て家族ともども「南」へ行く夢を抱いているが認知症の兆候がある。〈お前の友だちに銀皿を盗まれた〉と繰り返すのは象徴的だ。大切なものが盗まれたと騒ぎだすのは初期認知症の定型の一つである。

〈くっつく〉〈くっつかれる〉とはヴァーチャルなコミュニティに無理やり囲い込まれる、ということだろう。大介は自分の境涯を詳細に語る。

大介　お母さん、恐ろしいことが起

こったんだよ。ぼくは傷だらけだ。いつか、ぼくが宝くじで大儲けした時のことを憶えているかい。あのときいったことは嘘だった。

ぼくはいろんな人を背中に乗せて運んでいたんだ。お金をどっさり貰えるというのでね。

ぼくは悪いことをしているとは思わなかったし、お金も儲かった。ぼくはみんなで南へいける金を手に入れたかった。

でも、病気にかかってしまった。医者にも見せたけれど、どういうことになったのか医者には分からなかった。

今でも、ぼくは乗せた連中にくっつかれているんだ。こいつらはぼくをなぐったり、侮辱したりしている。こいつらは母さんまで侮辱しているんだ。

もうぼくにはどうしようもないんだよ。母さん、ああ、ぼくは本当に不幸だ！

母　だから、わたしゃ、泥棒だって言っただろう！　そいつらがわたしの銀皿を盗んだんだよ！


大介とそのヴァーチャルな分身たちは今や仇同士である。しかし、分身は対他的には大介に「くっついちゃって」離れずに大介に内属している。母から見れば、大介の分身つまり気配から感じ取られる「友達」と、大介「本人」は截然と分かれた別の存在だが、仇を抱え込んだ大介の立ち位置からは自他の区分がつかない。

母親は「泥棒」である大介の「友達」と闘おうとする。ところが分身を攻撃しに来る母親が、大介には自分に襲いかかる敵に感じられる。大介の内部の他者たちは、激しい敵意を燃やして母親を殺し、行きがけの駄賃に身動きも不自由な父も殺す。大介本人は、分身たちの殺人を拱手傍観する（台本にはト書きがなく、誰が手を下したかは書かれていない。ただ、舞台ではそうなっていた）。しかしそれは、脳内での事態であって、日常世界で〈意味される〉のは、大介が父母を殺したという「事実」である。これは、スマホ世代の多重人格者による認知症世代の親殺し、「宇宙人」による「亡霊」殺しなのだ。

原作こその〈原作〉

第Ⅳ章で略述したように、『北国の春』には鈴木忠志構成の『家庭の医学』という「原作」がある。[*11] 七九年一一月に早稲田小劇場がディスコ・フルハウスで上演したが、観客もマスコミもあまり顧みなかった。自他の境界の溶融ということのリアリティと、年取った親の判断力が認知症で危機に陥るというリアリティが当時の観客に乏しかったからだろう。『家庭の医学』にはさらにその原作がある。ローラン・トポールの小説『ジョコ、記念日を祝う』である。発表は一九六九年、パソコン普及のはるか以前である。『家庭の医学』では主人公の前に古ぼけた蓄音機が置かれている。分身に嬲りものにされ裸にされた主人公は、親殺しを、やはり、拱手傍観する。

違うのはその後だ。『家庭の医学』では、事が終わると、遠くから「ホルスト・ヴェッセルの歌」が響いてくる。ホルスト・ヴェッセルは、一九三〇年、ドイツ共産党の武装部隊隊員に射殺されたナチスのヒーローであり、ナチスの党歌「旗を高く掲げよ」の作詞者とされ、この歌の別名が「ホルスト・ヴェッセルの歌」である。[*12] ローラン・トポールにとって、自分になり代わる集合的分身はナチの亡霊であったのだ。

今、日常は、電子技術を媒介とした自他境界の溶融という事態で覆われている。また現代は超高齢社会で、老人は誰しも認知症化する可能性を免れない。世代間では、互いが互いを、理解を絶する「亡霊」「宇宙人」と認識する。「亡霊」と「宇宙人」が接触すると親子であっても死に至る事件や事故が起きるかもしれない。『北国の春』の惨劇には厳然たる社会的な裏づけがある。『北国の春』には鈴木忠志の書いた「原作」が存在するから、鹿沢信夫の不在を証明するまでもない。それでも鹿沢信夫作というタイトルを鈴木は外さなかった。それは、鈴木がこれらのテクストを書いた人物が別にいたという虚構を欲したからにほかならない。これは歴史の産物だ、自分はそれを解読し造形したのだと示唆したかったのだろう。

＊11　前出、鈴木忠志「家庭の医学」。

＊12　ホルスト・ヴェッセルは突撃隊（SA）のメンバーだった。「旗を高く掲げよ」は共産党の武装部隊「赤色戦線」や「反動」勢力（ナチスに反対する諸勢力）と闘う突撃隊への賛歌である。

『津軽海峡冬景色』——呼び出される死者

『津軽海峡冬景色』は歌謡曲劇の第四弾である。二〇一八年八月に初演された。鹿沢信夫の名はもうない。台本の役名はみな役者の本名、役者が役者のまま役の妄想を演じるのだ。俳優はみな車椅子で登場する。まとまった物語がないことも前三作と異なる。構成を追ってみよう。

Ⅰ　内藤千恵子の唄、塩原充知のクラリネット、平垣篤人のハーモニカで韓国の歌謡曲「虚空《ホゴン》」[*13]が奏でられ歌われる。

♪泣き濡れて　諦めた　貴方にかけた恋　　眠れない　苦しみが　今日も身を責める

遥か離れた　貴方を偲び　虚空《うつろ》に中空へ　呼びかける

貴方は命　私の命　別れた二人でも

Ⅱ　植田大介、木山はるか、鬼頭理沙による眠れぬ夜の噂話の場である。「別れてもありがとう」[*14]の歌詞に託して、男の思い出を木山と鬼頭が語る。それはみな、千恵子婆さんがスケベ爺さんの塩原に演奏させて歌う唄の歌詞だと木山が言う。スケベ爺さんは今もスケベで木山も鬼頭も触られたと植田にいう。

Ⅲ　塩原がクラリネットで「金色夜叉」[*15]を吹き、平垣と千恵子が出てきて『金色夜叉』前編八章の熱海の海岸の、貫一（平垣）がお宮（千恵子）を足蹴にする場面を演じる。千恵子は一人になると「夾竹桃が咲く頃」[*16]を歌う。

Ⅳ　黒い下着の佐藤ジョンソンあきが出てきて舞台下手の柱を撫でながら『ワーニャ伯父

さん』のソーニャの「生きていきましょう」というあの有名なセリフをいう。締めの台詞は「でも私はもう、行かなくては」である。

Ⅴ　鬼頭が登場し、『どん底』のナターシャの「明日になったら……だれかがやってくる」という新劇のオールドファンならよく覚えている台詞を語る。

Ⅵ　再び『金色夜叉』に戻る。ただし今度は、『続金色夜叉』の後日談のくだりである。お宮（内藤）と貫一（平垣）は再会するが、貫一はお宮を許さず、お宮が殺してくれと言っても、自分で死ねという。思い余ってお宮が自裁するのをみて、貫一がはじめて「許す」という。この凄まじい痴情のもつれの愁嘆場の最中に、なぜか二人は揃って「星影のワルツ」[*17]を歌う。この上なき惨劇がこの上なきおかしさを混えたものになる。

Ⅶ　竹森陽一が出てきて、鬼気迫る腹話術で『どん底』の木賃宿の主人コスティリョーフと巡礼ルカの対話を演じる。竹森がコスティリョーフ、車椅子の積まれた老婆の人形がルカである。

＊13　鄭豊松作曲、日本語版作詞比良九郎、桂銀淑が歌った。
＊14　三浦康照作詞、猪俣公章作曲、一九六九年。美空ひばりが歌った。
＊15　宮島郁芳作詞、後藤紫雲作曲、一九一八年。二人はともに演歌師である。
＊16　中村メイ子作詞、神津善行作曲、一九六六年、美空ひばりが歌った。
＊17　白鳥園枝作詞、遠藤実作曲、一九六六年。千昌夫が歌ってヒットした。

『津軽海峡冬景色』

Ⅷ　藤本康宏と加藤雅治の二人による、チェーホフの『六号室』の患者グローモフと医師ラーギンの対話に移行する。二人の対話は一見深淵だが胡散臭い哲学論議から、千恵子や塩原についての噂話に移ってゆく。

Ⅸ　三度目の『金色夜叉』。塩原のクラリネットによる「金色夜叉」のメロディに乗せて、平垣が「こうして二人が、一緒にいるのも今夜限りだ。一月の一七日、よく覚えてお置き」と語りはじめる。悲劇の場面がクラリネットの演奏で異化される。平垣はしまいに「金色夜叉」の歌を歌い出す。

Ⅹ　佐藤ジョンソンあきが『三人姉妹』のヴェルシーニンの台詞を語る。「人生は苦しい」と言いながらも、遠い未来に希望を見出そうとしているような対話の一節である。そして最後は、第四場と同じく「でも私はもう、行かなくては」という。

Ⅺ　平垣が、「津軽海峡・冬景色」*18の歌詞を呼び出すように語り、千恵子が語り歌う。「私はもう、行かなくては」という台詞の反復は、この歌の主人公である北へ帰ってもう戻らない女の「さよならあなた　私は帰ります」に収斂していくように構成されているように見える。

♪さよならあなた　私は帰ります　風の音が胸をゆする　泣けとばかりに

＊18　阿久悠作詞、三木たかし作曲、一九七七年、石川さゆりが歌って大ヒットした。

歌い終わると最後に上手から下手へ車椅子に乗った登場人物が列をなして通過していく。私にはこの舞台が彼岸から呼び出された死者たちによって綴られた物語なき物語に見えた。バラバラの原典を俳優の身体の作り出すコンテクストに即して構成する手法は、初期の『劇的なるものをめぐって』シリーズを思い起こさせる。

役者が複数の戯曲の断片を演じ分けるのではなく、いくつもの戯曲の言葉の断片は、それぞれのオリジナルの文脈を離れて、文字通り、俳優が俳優の名において、自身の身体が舞台の上で「書く」ものへと一層の質的転換を遂げている。俳優の生身そのままの役名で舞台に虚構として身を晒すという意味では、第Ⅲ章で触れた俳優の「生活史的根拠」が、より直截に観客に晒されるということになる。渡辺保が言うように、[*19] 構成台本に使われているいくつもの唄の歌詞や『金色夜叉』や『ワーニャ伯父さん』や『続金色夜叉』や『どん底』や『六号室』や『三人姉妹』は、演出家の「設計図」としては重要だが、舞台に成り立つのは、『劇的』シリーズより一層純化されて、それらの出典の言葉を再構成した「俳優の身体によって繋がれ、身体の深層に及んで文化の集合的無意識を描き出す」物語なのである。批評家は、どうしても出典を探そうとするが、観客はあるがままを見ればよいのだ。俳優の身体が「書く」ことばは、すでに出典を換骨奪胎しているのである。

山村武善は演者たちを、芭蕉と同じ「孤被り」の旅人であり、彼らは廃墟に消えた『トロイアの女』の登場人物たちの蘇りだという。そして、最終景で舞台を上手から下手に横切ってゆく登場人物たちに対してこう書いた。

いま、舞台奥の廊下を静かに過っていく車椅子の人間、菰をまとった狂風の行者たちこそ、その廃墟の世界から蘇り、かつての自分たちの歴史と記憶を語り直し、いままた向こう側へと立ち去っていこうとしている、裏切られた者たちの亡魂ではないか。[*20]

歌謡曲劇の連作は『津軽海峡冬景色』で、ついに「人生の冬景色」「鈴木忠志の『芸術におけるわが生涯』」に辿りついたのだと渡辺保はいう。[*21] 確かにこの舞台のラストシーンは余韻嫋嫋《じょうじょう》で、世界に対する違和の表明も批評も示唆されているとは言い難く、演出家が人生の最後に辿りついた世界の表明のようにも見える。

しかし、私には鈴木のなかにはまだ、「人生の冬景色」と同化することに抗う、世界に対す

＊19　前出、渡辺保『演出家　鈴木忠志』三四頁。
＊20　山村武善「狂気とユーモア、その不可能な共存の美学」『利賀から世界へ』一〇号。
＊21　前出、渡辺保『演出家　鈴木忠志』一八八頁以下。

る逞しい悪意が滾っているように見えてならない。その証が最新作『世界の果てからこんにちはⅡ』ではないかと思う。

『世界の果てからこんにちはⅡ』

二〇二〇年八月、コロナ禍で外国からの招聘もままならぬなかで開催されたSCOTサマー・シーズンで『果てこんⅡ』が初演された。『津軽海峡』とよく似た構造の歌謡劇だが、こちらは徹底して喜劇的・異化的である。観客に無惨なものを見せつつ歌で観客を鼓舞して、観客が組み立てようとする解読の枠組みを宙づりにするのである。舞台装置は『廃車長屋の異人さん』(『どん底』)と同じ車の墓場。『津軽海峡』同様、まとったストーリーはない。役名はみな役者の実名、キーになる人名・国名はすべて「ニッポン」「ニッポンジン」に置換されている。使われたテクストと歌謡曲をみておこう。

Ⅰ　前半は加藤雅治と内藤千恵子による『三人姉妹』の哲学《おしゃべり》、[*22]歌は「紅い花」[*23]、後半はマーシャ(内藤)の結婚時の回想、歌は「冬隣」[*24]。チェーホフの戯曲の台詞の主語が要所で「ニッポンジン」「ニッポン」に置き換えられている。

Ⅱ　前半は長谷川伸の『沓掛時次郎』[*25]、語られる歌詞は「旅鴉」[*26]、斬り合いのバックには映画音楽「総長賭博」(六八年)。後半は同じく『関の弥太っぺ』[*27]。斬るのは石川治雄(中国)、斬られるのは植田大介（ニッポン）。「渡世の義理」でニッポン（植田）を斬るまでの中国（石川）は、義理を弁えた渡世人の風情を漂わせているが、一緒に植田（ニッポン）を斬りに来た江田健太郎（韓国）・守屋慶二（ベトナム）・飯塚佑樹（朝鮮）の親分が「アメリカ」だと聞いた瞬間、石川（中国）は有無を言わせず、電光石火、三人とも斬り捨てる。観客の笑いを当て込んだ米中対立とアジア情勢のベタな直喩である。歌は北島三郎の「仁義」（六九年）。「天に一つの陽があるように　この世に道理がなくてはならぬ」と歌うのだから、石川（中国）は仁義に悖るという示唆にも受け取れる。

Ⅲ　台詞（竹森陽一）は徳富蘇峰『敗戦学校』[*28]、敗戦時のニッポン・ニッポンジンについ

---

*22　チェーホフ『三人姉妹』、ヴェルシーニンとマーシャの対話。人間の未来を予想する一見高邁な、しかし、実は埒もない会話。劇中で、このお喋りをヴェルシーニンはそれを「哲学」と呼んでいる。

*23　松原史明作詞、杉本眞人作曲、一九九一年。ちあきなおみが歌った。

*24　吉田旺作詞、船村徹作曲一九八八年。ちあきなおみが歌った。

*25　長谷川伸『沓掛時次郎』の、六ツ田の三蔵が切られる場面の出典は、二〇一〇年初演の『新・帰ってきた日本』、のちの『鈴木忠志演出・台本集Ⅲ』では、『帰ってきた日本』第二部。

*26　藤田まさと作詞、遠藤実作曲、只野通泰編曲、一九七二年。五木ひろしが歌った。

*27　長谷川伸『関の弥太っぺ』の場面の出典は、二〇一〇年初演の『新・帰ってきた日本』、のちの『鈴木忠志演出・台本集Ⅲ』では、『帰ってきた日本』第二部。

『世界の果てからこんにちはⅡ』

て蘇峰の語る「反省」（「外尊内卑」「己惚れ」）は限りなくもっともらしいが、そうであるがゆえに空々しい。竹森が『果てこんⅠ』の「男」（梅崎春生の『砂時計』のいかさまな院長）でもあることを知っている者には、「男」のいかがわしさが重なり合って見えてくるのである。『果てこんⅠ』の「男」（院長）も、『果てこんⅡ』の徳富蘇峰も、（前者は岡潔の書いたようなウルトラ国粋主義者から、暴利を貪る「養老院」経営者へ、後者は「聖戦の大義」を鼓吹したイデオローグから「一億総ざんげ」的「悔恨者」へ）敗戦後に巧みに生き延びた「巧言令色」で「仁」少なき者の典型である。歌は國本紗季・吉野夏怜・進真理恵の三味線群団が歌う、こまどり姉妹の「こまどりのラーメン渡り鳥」[*29]。

Ⅳ　前半は梅崎春生『砂時計』の『果てこんⅠ』で使われたのとは別の、院長と入所者の諍いの場面（竹森、藤本康宏、塩原充知）。器物を壊した老人の入所者（充知）を「お上」への忖度から院長（竹森）が追放しようとしていることに藤本が抗議するのだが、議論が紛れに紛れて、お互い日本人《ニッポンジン》ではないかというところに落着してしまう。「院長」が入所者をお互いニッポンジンだという詭弁に落とし込む手管とそれに欺かれる入所者たちの姿には、演出家の「ニッポンジンへ」の悪意がうかがわれる。歌は美空ひばりの「今日の我に明日は勝つ」[*30]。後半は竹森（院長）が唐木順三の「おそれという感情」[*31]の一節を語る。超越的なものへの畏敬とか他者への羞恥とか、竹森が先刻まで演じ

＊28　徳富蘇峰『敗戦学校』の末尾には「昭和廿二年十月二十五日」と記されている。敗戦の現実について日本人の「外尊内卑」と「己惚根性」を戒める内容である。この一文が収録された『敗戦学校――国史の鍵』は宝雲舎から一九四八年に刊行された。蘇峰自身がキリスト教に入信し、やがて自由民権運動に走り、一転して国権論者になり代わり、戦時下には「聖戦」鼓吹の先頭に立つなど「外尊内卑」から「己惚根性」に走った典型的人物である。

＊29　オオガタミヅオ作詞作曲、二〇一四年。

＊30　保富康生作詞、猪俣公章作曲、一九七〇年。

＊31　唐木順三「おそれという感情」『日本の心』筑摩書房、一九六五年。

ていた品性下劣で狡猾な養老院の院長とはミスマッチなことこの上ない〈反省的思考〉が並列されるのである。

Ⅴ　前半はイプセン『人形の家』のノラとヘルメルの訣別の場を、芸人（齊藤真紀）が、弟子（鬼頭理沙）に、自分をノラに擬して語って独演して見せる。[*32] 夫と訣別したノラの一寸先は闇なのである。[*33] その「自立」への道が、滑稽極まる語りで再話されるのである。使われる歌は勝彩也「恋あざみ」[*34]。後半はこれに対する返歌のように、芸人の前で弟子が秩父重剛[*35]『忠治、赤城落ち』を独演してみせる。板割の浅太郎が、忠治の意を受けて稲荷の九郎助を討つ場面である。歌はこまどり姉妹「未練ごころ」[*36]。

Ⅵ　すぎもとまさと「別れの日に」[*37]を佐藤ジョンソンあきと塩原のセッションで歌い、奏で、語る。「男」が「国」に、「おまえ」が「ニッポン」に、「俺」が「二人」に書き換えられている。

♪大した国（男）じゃなかったけれど　　静かにニッポン（おまえ）を愛した
　二人（俺）にしかない　歴史といえば　　ニッポン（おまえ）と生きたことだけ

Ⅴはどちらも訣別の場面なので、Ⅵはそれを受けたシーンと読み取れる。本来、哀感とも未練とも取れる心情を歌った、男から女への別れのことばが、「ニッポン」への別れのメッセージに置き換えられているので、この歌の歌詞が、「ニッポン」への愛想尽かしとも、はなむけとも聞こえるように作られている。だが、はなむけというにしては、塩原も佐藤も、決して情緒的にではなく、グロテスクすれすれに滑稽に歌い、奏で、語るのである。

舞台はこの歌で盛り上がって終景の花火につながってゆく。

観客は、俳優の演じる場面と、舞台から響いているニッポン、ニッポンジンのリフレインで、居心地の悪さを掻き立てられる。『果てこんI』のように、マクベスらしき「男」の終末と豪華な花火による美的な陶酔に身を委ね切ることはできない。壮麗な花火がいくら上がっても、同化する先もなく、浄化もされないから、余韻嫋嫋とは言い難く、居心地は悪いままなのである。これこそが、鈴木の狙いなのではあるまいか。

＊32　鈴木演出の『別冊イプセン』のパロディでもある。
＊33　魯迅「ノラは家出してからどうなったか」『魯迅文集』第三巻、八二頁。
＊34　泉淳三作詞、彩木雅夫作曲、一九七〇年。勝彩也のヒット曲。勝は病気で引退。八代亜紀や美川憲一がカバーした。
＊35　秩父重剛（1905-1976）浪曲師、作詞家。演じられるのは国定忠治の子分の稲荷の九郎助を、忠治の命で板割の浅太郎が斬る場面。
＊36　西沢爽作詞、遠藤実作曲、一九六二年。こまどり姉妹は、この年の紅白歌合戦にこの歌で二度目の出演を果たした。
＊37　門谷憲二作詞、杉本眞人作曲、二〇一七年。

3　なぜ鈴木忠志を論じるのか

批評精神としての〈引用〉

鈴木が歌謡曲にこだわるのは、そこに「日本人」たるものの刻印を見るからであり、谷崎のいう「皮膚の色が変らぬ限り」ついてまわる「損」を引き受ける芸術家の覚悟のかたちである。鈴木にとっての日本・日本人へのこだわりと歌謡曲へのこだわりはほぼ同義に近い。『果てこんＩ』で最も鮮烈だったのは、終幕近くにマクベスと相互憑依関係になった「男」が受ける、「日本が、父ちゃん、お亡くなりに」という報告であった。Ⅱでは執拗に繰り返されるニッポン、ニッポンジンのリフレインである。耳にタコができるほどだ。図式的にいえばＩのテーマは「ニッポンの死」、Ⅱはニッポン死後のニッポンジンの行方である。

〈引用〉の精神はこの舞台でもますます健在である。引用とは、ブレヒト以来オリジナルに対する引用者の再解釈の方法のことだと考えてよい。そこにはオリジナルに対する引用者の距離感、つまりは批評眼が必ず働く。引用は演出家に解釈された原典への加工である。何をどう引用するかが演出家の試金石なのだ。鈴木がよく、自分の書いた戯曲しか演出できない演出家は一人前ではないというのは、他者の言葉を造形することを追求してきた演出家鈴木忠志の矜持の表明でもある。

『世界の果てからこんにちはⅡ』

鈴木にも「自作」の台本が幾つかあることはすでに述べたが、それらはいずれも様々なテクストからの引用で構成されたものだった。鈴木の台本ではすでに演出家としての他者の言葉に対する造形が始まっているのだ。

演劇で世界を変える

鈴木は徹底した方法的自覚をもってテクストを「引用」する。それは観客に同化ではなく、違和を喚起し、舞台と観客、観客相互に分裂をもたらし、議論を求める姿勢に通じる。「俺は演劇が好きじゃない、やりたいのは世直しだ」というのが鈴木の口癖である。あえて「注釈」すれば〈演劇に自己完結したくない、演劇で世界の認識枠組みを変えたい、それは現実世界を変える糸口になる〉ということだ。世界を変える演劇、それが鈴木の「世直し」である。〈世直し〉には議論が要る。

舞台芸術財団演劇人会議が再編されて二〇二〇年に公益財団法人利賀文化会議が立ち上がった。その活動目標には国際演劇祭や演劇塾の実施とともに、「利賀サロン」の設立運営が掲げられている。[*38] これは各界のオピニオンリーダーを会員として組織し、政治・経済・社会・芸術などを主題とする討議を行うとともに、聴衆向けの公開講座を実施するプロジェクトである。舞台表現や演劇教育だけでなく討論の獲得が目標の一つなのだ。これは磯崎新の言う「世界批評」の共同作業である。世界批評は世界を変えることに接続する。

鈴木の舞台は、この間新作を次々に上演したニッポン・ニッポンジン問題のみならず、『ディオニュソス』による政治宗教批判、『トロイアの女』によるジェノサイド批判も演劇による世界批評の課題に繋がる。『リア王』『エレクトラ』などの〈病院演劇〉は、人間世界の成り立ちの「病」に光を当てる。世界は病院、人間は病者、これが鈴木の、いわば哲学的な視座である。その地平から鈴木は、人間であることの〈損〉、つまり宿命を引き受けつつ演劇で世界を変える課題に立ち向かい続けている。

その活動は世界の演劇界から注目されてきた。二〇一九年、国際演劇協会からリュビーモフ賞が、国際演劇評論家協会からはタリア賞が授与された。[*39] 二〇年には、イタリアのプレラ美術アカデミー（国立美術学院）からプレラ賞を授与された。[*40]

＊38　「利賀サロン」は、第Ⅶ章で述べた「有度サロン」をモデルに、利賀を拠点として長期的かつ大規模に開催する発題と討議の企画と考えればよい。

＊39　国際演劇協会は、国際演劇評論家協会ともにユネスコによって設立された団体。国際演劇協会は英語でThe International Theater Institute（ＩＴＩ）。国際演劇評論家協会はフランス語でAssociation internationale des critiques de théâtre（ＡＩＣＴ）。

＊40　プレラ美術アカデミー（国立美術学院）は、ミラノにある長い歴史を持つ美術大学。一七七六年設立。

事実と歴史の誤認と偽造に抗して

最後に、なぜ鈴木忠志を論じようと思い至ったのかを述べておきたい。私はつねに演劇に関わって生活をしてきたわけではないが、六〇年以上にわたって、おおむね演劇を思考の媒介に組み入れてきた。媒介とする「演劇一般」などというものはない。関心の核になる具体的な作家なり作品なり理論なり、それらが動かし、それらに動かされる運動を念頭に置くことになる。関心の中心は、まず福田善之・宮本研など、新劇由来の一世代上の作家たちだった。そこを起点に〈脱新劇〉を考えるようになった。やがて、ほぼ同世代の担い手によって展開された、広い意味での六〇年代演劇[*41]（いわゆる「アングラ」）の視座から演劇を念頭に置くようになった。自身も一〇年弱、その渦中に身を置いた。

やがて六〇年代演劇のサバイバルが困難な一九八〇年代が来る。自分自身の集団も解体のやむなきに至り、その後、総括も兼ねたように演劇と演劇史に関する著作を書いたところで私は思考停止に陥った。数年間、演劇を介して物事を考える習慣を失いかけた。それは、六〇年代演劇の東京でのメインストリームが、転進や行き詰まりや終焉を迎え、始まりの形を識別し難くなった時期だった。その頃に第V章で触れた鈴木忠志演出の『イワーノフ』に遭遇する。これが、演劇を介して世界を見る新たな視野を拓く始まりの契機になった。

始まりの形を事実に基づいて識別するのが困難な時期になったということは、現場を見てもいない者が〈見てきたような嘘〉をいい、かつて現場を生きた者も、それぞれに身の丈に合わせた都合のよい物語を紡ぐことができるようになったことを意味する。その頃から、様々な動機による事実や歴史の偽造が横行し始めた。[*42]

＊41 第Ⅱ章参照。六〇年代演劇はブレヒト、サルトル、ベケットが形成する思想圏を基盤としていた。

＊42 歴史の偽造に先鞭をつけたのは大笹吉雄である。大笹は、そもそもは『正統なる頽廃』（河出書房新社、一九七八年）を書いたころまで、千田是也に「アングラ評論家」（『千田是也演劇論集』第九巻、未來社、四四七頁）と揶揄されたほど、新劇に対する党派性を剝き出しにする批評家だった。それが一九九〇年代に豹変する。当時の発言の痕跡は、「現代演劇のリアリズム回帰」『東京新聞』一九九三年二月五日付夕刊、「戦後50年と現代演劇」一九九五年の東京演劇フェアのパンフレット、「築地小劇場はなぜ誕生したか」『ＰＴ』創刊号一九九七年、「『小劇場』について」新国立劇場のTHE PITフェスティバルのパンフレット、一九九八年、「大笹吉雄インタビュー」『文化座』ニューズペーパー一二〇号などに見られる。単行本では評論集『現代演劇の森』一九九三年がある。そのなかから、次の一節を引用しておく。

「つまり用語的にも概念的にも小劇場は新劇と別の演劇を意味しないということになる。換言すれば、小劇場という言葉を当てて、新劇とは別の現代演劇を意味すると考えるのは錯誤であり、無理がある。その立場からは、ここで一端に触れたような小劇場および小劇場運動といった用語が頻出していた演劇史は、把握することが不可能だろう。史実を曲げることは誰にも出来ない」（「築地小劇場はなぜ誕生したか」『ＰＴ』創刊号）

これは狡猾な論点移動である。六〇年代演劇は、新劇では劇場とは考えられなかった空間で上演したことに意義があった。上演空間が小さかったかどうかだけの問題ではない。より重要なのは新劇からのパラダイムチェンジには、他に幾つもの指標があるということだ（本書第Ⅱ章参照）。

また注目すべきことは、日本の現代演劇はすべて新劇だ、という認識は、第Ⅴ章で鈴木が批判した山崎正和のものである。山崎は一九七八年に、「結局、それ（アンダーグラウンド演劇）は新劇の運命を根本的に変えるものではなかった」と断言していた（第Ⅴ章註1参照）。大笹は、同じことを一五年後に言い始めたのである。

大笹の認識への追随者は次々と現れた。六〇年代演劇の旗手の一人だった佐藤信は、「状況劇場と早稲田小劇場と天井桟敷と黒テントというのが出てきて、そこで大きく演劇の流れが変わったというのは、たぶん嘘だと思う」（『シアターアーツ』二〇〇五夏号）と言った。批評家だけでなく、当事者までもが六〇年代に何も変わらなかったといいだすのである。

このとき佐藤信にインタビューした西堂行人（明治学院大学教員）は『ハイナー・ミュラーと世界演劇』（論創社、一九九九年）で、すでにミュラーと鈴木忠志を比較し、ミュラーを近代的主体の死を踏まえたポストモダン、鈴木を近代的主体に拘泥する近代主義、というふうに図式化する。そうすることによって、日本の六〇年代演劇を新劇と同一のパラダイムの内部にとどめ置こうとする。そして新劇と「何も変わっていない」という主張を佐藤に先行して表明していた。西堂はその後、新劇とアングラの連続を繰り返し語り、六〇年代に起きたできごとの意味を隠蔽することに躍起になっている。西堂もまた、「アングラ」賛美で批評を始め、旗色が悪くなると、「アングラ」は歴史的な画期ではなかった、と言い募るようになるという点で、大笹吉雄に酷似している。

また、室井尚（横浜国立大学名誉教授）は「『唐十郎』という視点から見る戦後日本演劇」（岩崎稔・上野千鶴子・北田暁大・小森陽一・成田龍一編著『戦後史スタディーズ②60・70年代』紀伊國屋書店、二〇〇九年）で、早稲田小劇場が「非政治的、非歴史的な芸術至上主義、もしくは本質主義」で「社会的な異物ではなく、社会の枠組みの中での芸術的な完成を目指していくというもの」だったと書いている（二〇七頁）。これは面妖至極の極致である。六〇年代演劇の女優で早稲田小劇場の白石加代子以上の〈異物〉があったか。ジャン＝ルイ・バローが早稲田小劇場を評価したのは

「芸術的完成」を自明とする「劇的なるもの」を、舞台表象を介して徹底的に批判したからではないのか？ 自由舞台時代の別役実作『象』や初期早稲田小劇場が上演した『マッチ売りの少女』は、日本人民衆の戦後責任論であり、狭義の「政治的」ではないにせよ、非歴史的どころか歴史意識そのものに光を当てた作品ではなかったのか。鈴木演出の舞台が「政治的」だったのは稀かもしれぬが一度も「非歴史的」だったことはない。

また室井尚は黒テントが「革命的な唯物史観に基づく政治的歴史劇」「『新左翼』的な政治的メッセージと不可分の演劇」を追求した、という（二〇七頁）。室井のいう「政治的メッセージと不可分の演劇」というのは革命の宣伝演劇のことらしい。舞台を見ていないに違いない室井には、せめて『喜劇昭和の世界』の連作など佐藤信のテクストを読んでからものを言えといいたい。どこが「唯物史観に基づく政治的歴史劇」なのか。またD・グッドマンの周到な佐藤信論『富士山見えた』（白水社、一九八三年）を参照することを勧める。

室井は黒テントの劇場は「トラック二台が駐車できる場所さえあればどこにでも立てられる機動性の高い移動劇場」だったとも書いている（二〇八頁）。室井は二〇年代のトランク劇場と錯覚しているようだ。実際の黒テントは、（それが「運動の演劇」にとって望ましいことだったかどうかはともかく、事実として）二台のトラックで両端から引っ張らなければ立ち上がらない、小回りの利かない大テントで紅テントの倍近くの収容人員があった。この一事から黒テント公演を室井が一度も観に行っていないことが一目瞭然である。観た上でこういう発言をしていたのなら室井の眼は節穴だ。室井はこれらの事柄を「美学者の一人」（二〇一頁）の抱いた関心として記述している。「美学者」とはこれほど頓馬なものなのだろうか。

宮台真司（東京都立大学教員）の「偽造」は位相が異なる。六〇年代演劇は、六〇年代の社会叛乱の後に、その代替物として登場したと宮台はいう。これに対しては、二〇一一年に書いた拙稿を引用しておく。

「社会学者宮台真司は、『アングラ』は不可能となった政治反乱の代替物として六〇年代社会反乱の後に開花したとする認識（『情況』二〇〇四年四月号）を得々と述べている。たしかに六〇年代演劇が成熟し、定着するのは政治的激動が鎮静させられた七〇年代前半である。だが、非連続的な演劇の歴史的転換の画期として記憶されるべきなのは、六〇年代初頭に準備され、六〇年代後半になされた、すぐれて演劇的な分岐そのものであって、その後に起きた社会現象としての〈大きさ〉ではない」（拙稿「20世紀演劇の精神史」連載第一五回、『テアトロ』二〇一一年一月号）。それが意味するところは、本書第Ⅱ章で明らかだろう。

日比野啓（成蹊大学教員）は、一九六〇‐七〇年代には批評と舞台表現が緊張した関係にあって、相互に活性化させ合っていたという主張を全否定してこういう。

「瀬戸（宏）さん森山（直人）さんも現代日本の演劇批評が危機にあると言いますが、それ自体が極めて非歴史的な認識だと思うんです。一体批評の黄金時代というものはいつあったのか。五〇・六〇年代の『テアトロ』や『新劇』ってそんなに面白かったのか。そうした問いかけがされることのないまま、『今つまらない』という実感だけが一人歩きして語られるのを見ると、研究者としてはその歴史的感覚のなさに興醒めな思いを禁じえない」（『シアターアーツ』一八号、二〇〇三年）

「五〇年代・六〇年代」とされているのは森山直人（『舞台芸術』四号の森山論文参照）が意図的に六〇年代を五〇年代からの連続だと主張しているのに対応しているからだが、これには重大な疑義がある。一九六〇年の〈切断〉をあえて無視して、「劇的なるもの」に関心が集中した時代としてひとくくりにする論拠は極めていかがわしい。ひとことでいってしまえば、福田恆存の「劇的」への懐疑が鈴木忠志の劇的であるからだ。また、その点については、拙稿「演劇についての断章2003」（『MUNKS』一六号）を参照してほしい。

また日比野は『新劇』や『テアトロ』と書いているが、演劇専門誌は『新劇』以外（『テアトロ』『悲劇喜劇』）の誌面は、既存の新劇が中心だった。しかし当時、新たに興った演劇を取り上げるメディアはもっとずっと豊饒だった。すぐ思いつくだけでも『日本読書新聞』『美術手帖』『現代詩手帖』『同時代演劇』『映画批評』『映画芸術』『映画評論』。八〇年代になっても、鈴木忠志演出の『王妃クリテムネストラ』は『世界』八三年一二月号に掲載された。六〇年代から七〇年代前半の様々なメディアにおける演劇の扱われ方に一瞥も加えることをしない「研究者」とはいったい何者なのか。

ちなみに六〇‐七〇年代の批評の活力について内野儀（東京大学名誉教授）がこう言っている。内野は一九五八年生まれだから、彼自身が現認できたのは七〇年代の後半、ということになる。「六〇年代から七〇年代にかけて、そうした演劇をめぐる文化空間があったという風に、私は考えています。たとえば当時、鈴木忠志さんの上演作品に対して、渡邊守章さんなどが『これは御霊信仰の何とか云々』とかいってワーッと書くわけなんです。そうすると鈴木さんはびっくりする。『それはこんなことをやっていたのか』と。そのときに『あれは御霊信仰につながっているんだ』といわれて、鈴木さんの方では『そんなこと自分とは関係ないよ』とはいわないわけです。もしかしてそれをやっていたかもしれない――少なくとも現場サイドでは聞く耳を持っていたという開かれた状況があった。そのとき、鈴木さんが『そんなことは関係ない』といったとしても、それに対してまた渡邊さんには応えるべき責任が生じてくるということです。そういうことが今なくなってしまったのだろう」（座談会「一九八〇年代以降の文化空間と『演劇』」平田オリザ・宮城聰・内野儀・森山直人、『演劇人』七号、二〇〇一年）

この後、今もなくなっていないという平田オリザの発言が続くが、内野の論旨とは食い違っている。ここでは、その点は措く。

後世の「史家」による歴史の偽造は、演劇だけのことではない。本題ではないので詳細は省くが、大著『1968』やNHKのBSIスペシャル『1968　激動の時代』での小熊英二（慶応大学教員）が典型である。

偽造を図ることができるのは大学の演劇専攻の教員とか、ジャーナリズムに地位のある人間とか、権威や「信用度」の高い人々である。だから、気づくたび、機会を得られるたびにあれは嘘だと幾ら指摘しても、衆寡敵せずの観があった。[*43] しかし、演劇人もジャーナリストも研究者も次の世代交代が進んでいる。短いスパンでは偽造を糺せなくても、書き残したものをたとえ小規模でも公にしておければ、後世、それを誰かが糺そうとすることに資することができる状況が到来しつつある。[*44]

その場合、網羅的に事実認識を争うよりは、演劇と演劇史に関する「偽造者」たちとの視点の差異を明らかにすることが肝要である。彼我の分岐を明確にするためには、六〇年代演劇の賛美にとどまってはならない。過ぎ去ったものへの情緒的な拘泥は不毛である。しかし、六〇年代演劇の達成は継承しなければならない。そのためには、鈴木忠志とその集団の活動の軌跡の意味を描き出しておくことが、最も適切であると考えるに至った。理由は第Ⅰ章に述べたように、鈴木忠志と鈴木が率いた集団が、六〇年代に演劇を変える活動の渦中にあっただけでなく、その後、六〇年代の演劇運動の後退や拡散と一線を画して、芸術としての日本語圏演劇の最高の達成をなしとげたといえるからである。

もちろん、演劇の幅は鈴木忠志より広い。だがその意味するところは、だからといってただちに日本語圏演劇のなかで、芸術価値（普遍的な美的価値）の基準の下で、鈴木とは異なる演出家が鈴木以上の評価を獲得し得るということではない。第Ⅴ章末尾に触れたように、演劇の必要のされ方には、芸術価値を求めるのか、娯楽価値（享受する愉楽の価値）を求めるのか、演劇という表現ジャンルの内部での価値は措いて、己一身の問題に光をかざす手がかりを求めるのか、によって次元が異なる。

演劇を志す者が、どのような表現に価値を見出すかは自由である。その人にとって演劇が必需のものであるあり方を見出せばよい。見出される価値はほぼ無限に多様だ。また、一観客としての演劇の評価も、その人の自由である。その人が必需とする演劇を高く評価すればよい。その限りで、鈴木の演劇が第一でなくてはならない理由はない。ただ、基準を擦り合わせてい

＊43　日比野啓は前註と同じ『シアターアーツ』一八号で次のように発言している。仮想敵は佐伯隆幸と菅以外には想定しにくい。
「平田オリザの作品を見に行く人の百分の一しか読み手のない批評家が、平田を批判するということがどの程度意味があるかということです」
「井上ひさしや平田オリザをきちんと評価しなければ、演劇の社会的地位も何もあったものじゃないですよ」（ともに同誌二五頁）
要するにマイナーな奴は黙っとけ、という恫喝である。多数に支持される者こそ真実、多数に支持されることこそ価値、というわけだ。これが大勢を占めれば、私などはまさに衆寡敵せずである。しかし、逆に私は、こういう人物に批評や演劇研究の資格があるのか、疑わしいと考えている。

＊44　第Ⅰ章註17参照。

ないのだから、別人にとってそれがただの趣味かもしれぬと覚悟すべきだというだけのことである。

だが、演劇人や演劇批評家や演劇研究者が、自らの職業として演劇の世界水準を問題とするとき、事態は一変する。上演するテクストの解釈において、俳優の造形において、造形の方法において、方法を担う集団の力量と活動拠点において、どれほどの固有性を有し、その固有性が、どれだけナショナルな、あるいはエスニックな根拠を有し、かつ世界性・普遍性を獲得していると言えるか、が問われる。この評価に堪え得た演劇人が「世界的」の名に値する。このことを踏まえて批評し、研究する人が批評家、研究者の名に値する。

以上の前提で筆者は、目下のところ、日本語圏の演劇において、世界に通じたといえる演出家は鈴木忠志しかいない、と評価した。評価基準は執拗に繰り返した。反論・批判は大いに結構だが、できることなら批判者には、鈴木ではない別の、日本語圏のどんな演出家が、なぜ、世界に通じる演出家なのかを根拠とともに教えてほしいものである。それが次世代を担う演出家であればそれは演劇と演劇史にとっての希望である。

あとがき

I

鈴木忠志を知ったのはお互い二一歳の時だから、六〇年以上前のことだ。鈴木が演出した作品を最初に見たのは、早稲田大学の学生劇団自由舞台の『セールスマンの死』だった。小野碩が主演、別役実は舞台監督だった。小野碩の演技は学生演劇離れしていた。早稲田小劇場の初期を担った高沢立生という照明技師（当時はまだ学生）の、六〇年代の流行語で言えば「サイケデリック」な照明が目の裏にこびりついている。私が東映太秦の撮影所で働いていた一九六三年に、京都・弥栄会館ではじめて見た別役実作の『象』の舞台も忘れ難い。主演は小野碩と高橋辰夫だったと記憶する。

早稲田小劇場結成後も、かなりの頻度で鈴木演出の舞台を見てきた。『劇的なるものをめぐってⅡ』における女優白石加代子の誕生も現認した。『トロイアの女』『バッコスの信女』での「異種格闘技」の舞台も見た。

当時、鈴木とは演劇に対する向き合い方がまるきり違ったので、頻繁に紙誌の上での喧嘩の売り買いをした。違いの一端は第Ⅱ章冒頭の記述からも感じとってもらえるだろう。第Ⅴ章末尾の演劇の分類に即して言えば、鈴木は「第一の範疇」を目ざしてその目的を果たし、私は第三の範疇で、既存の技術を持たない者が、自分たちにとっての必需の演劇をどこまでやれるかを七年間試み、頓挫した。

喧嘩の一方で、私は鈴木に助けられてきた。私が書いた戯曲の上演のキャスティングに難渋していた時、早稲田小劇場の俳優ふたり（蔦森皓祐、三浦清枝）の出演を快諾してもらい、かろうじて上演がかなったことがあった。また、素人ばかりの集団の旅公演の資金に窮した時に融通してもらったこともあった。金はまだ返していない。

かなりの期間疎遠になった事情は第Ⅳ章に書いた。DVDが残っている舞台は見たし、再演された舞台も見ている。しかし、この時期の早稲田小劇場／SCOTの活動に関する私の知見はかなり、後追いの要素が濃厚である。九〇年代、ACMやSCOTの舞台をまた見るようになった経緯は第Ⅴ章の『イワーノフ』を論じた個所に書いた。この時から現在までのSCOTの舞台は、最もよくみている観客の一人だと自認している。

六〇年の時間の中で、鈴木忠志と彼の主宰する集団も変わったし、それを見る私も変わった。同時に、どちらも、自分の初心に執拗に拘泥してもいる。この変化と不変の一切を、演劇論の次元で整理しておきたい、というのが本書のもととなる原稿の第一の執筆動機だったと言える。

2

ただ、私には『戦う演劇人』（而立書房、二〇〇七年）という著作があり、その第3部で鈴木について論じている。新たに刊行するなら、それでもなお書くに値するものを、と考え始めた矢先、渡辺保氏の『演出家　鈴木忠志――その思想と作品』（岩波書店、二〇一九年）が上梓された。渡辺氏は、鈴木の作品に一貫して強い関心を抱き続けてきた批評家であり、東宝在籍時には『スウィーニィ・トッド』や『悲劇――アトレウス家の崩壊』のプロデューサーでもあった。古典芸能の造詣も深く、鈴木の方法による身体造形の機微を描くことにかけては右に出るものがない。この著作に対して私が何らかの独自性を出せなければ、書く意味がないと思った。

私が示そうとした独自性は、第一に、渡辺氏の鈴木忠志論が、舞台上の造形を論じることを核に構想されているのに対して、鈴木忠志のセオリーと舞台の関係、歴史的背景と舞台表現の関係、芸術総監督としての業績の意味するもの、などを極力前面に押し出すこと、第二に、日本語圏演劇の中で鈴木（SCOT）の演劇が、つねに卓越したテクスト解釈と舞台の造形を提示し続けてきたこと、俳優の造形に不可欠のトレーニング・メソッドを作りあげたこと、集団としての身体表象に不可欠の劇団専用の劇場を自らの手で保証し続けてきたこと、公共劇場のシステムのプロトタイプを作り出し、自ら運営することに成功したこと、それらすべてをなし遂げたことによって、世界演劇の最先端の水準にあることを示すことだった。己が身の丈以上のことはできなかったが、ひとまず意図は達成できたのではないかと考えている。

同時に——これは鈴木忠志論の中でそれと同次元では扱えないが——無一物の素人による運動の演劇にながらく固執してきた者として、世界水準の演劇だけが演劇ではないことを根拠とともに示すこと、また、時を経るごとに横行する、無知や厚顔による歴史の偽造を正すことも私の使命と考えている。読者には前者の一端を第Ⅴ章末尾に、後者の一端を第Ⅷ章の註42、43から読み取ってほしい。これらのことを踏まえた演劇史が書かれなくてはならないと思っている。

3

鈴木忠志の達成したものの上に立って、「ポスト鈴木」はどのように構想できるのだろうか。現代の演劇にとってそれこそが問題だ。演劇の近未来は演劇を載せている場の性格に規定される。いま、ひとびとが「国家」の「国民」として、母語で生きるのが通常という通念が徐々に失われつつある。

つまり、人間の居留民化が世界的に進む時代に我々は遭遇している。必然的にそれぞれのコミュニティで異言語間の衝突が起きる。

外国人の総人口比が比較的低く、政府が外国人の存在を補助労働力以上のものとは極力見なさないようにしてきた日本社会でも、コロナ禍が鎮静すれば、外国人の比率は急上昇するだろう。他方、合計特殊出生率は毎年1を割り込むことは確実である。何年かの後には人口の二－三割が日本語を母語としない住民で占められることになる。

そうなると、単一の文化の身体表象としての演劇を自明の前提とすることも、演劇の多言語化をそこからの派生的現象と見なすこともできなくなる。つまり、日本という地域での演劇が、必ずしも母語が日本語である者たちの集団の表現ばかりとは言えなくなってくる。

言葉をともにする集団の演劇と、異言語の集団が作り出す演劇が共存し、やがては異言語の集団が一つの舞台を作ることのほうが常態化するに至る。人間の居留民化と対応して、居留民の演劇への道が開かれる、いやそう強いられる状況に立ち至るのではあるまいか。ニホンゴしかできない私など、観客としても蚊帳の外だ。

鈴木の舞台のような端正に構築された多声性──『リア王』や『ディオニュソス』などの多言語演劇は、将来の社会で常態化する多言語演劇の予言的形態であるとは思うが──ではなく、異言語が相克し合う言語空間が生まれ、そこでの相互摩擦・相互批評・相互理解がつねに主題の一翼となる。こういう事態と対峙する感度のある演劇だけに、サバイバルが可能であることは間違いない。

ロボットとのコラボレーションとか、様々な電子技術による表象とのミックスを演劇の未来像と考える人もいるだろうが、愚直で鈍重な扱いづらい生身の身体が核心に存在しない表現ジャンルを私は演劇とは呼ばない。

4

初稿はコロナ禍が徐々に深刻化しはじめた二〇二〇年七月号から二〇二一年二月号（二〇二〇年五月－一二月）まで、八回にわたって『テアトロ』に掲載された。その後、航思社に刊行を打診し、承諾を得、その上で加筆し、注釈を書き入れ、年譜を作った。

自分なりの独自性を出そうと試みたといいつつも、渡辺保氏のふたつの著作（旧著『俳優の運命』と新著『演出家　鈴木忠志』）によって目を開かれることが多かった。感謝の意を表したい。また、磯崎新や柄谷行人、すでに鬼籍に入った扇田昭彦、佐伯隆幸、別役実などの各氏の議論を参考にさせてもらった。

いうまでもなく、鈴木忠志の業績は、鈴木が組織した集団あってのものである。早稲田小劇場の歴史をその始まりから担った小野碩、別役実、斎藤郁子、蔦森皓祐、鈴木両全、高橋辰夫、三浦清枝たちに追悼の意を表したい。

航思社のこれまでの刊行物とは全く違ったジャンルの著作を刊行してくれた大村智氏、舞台写真の提供はじめ様々な協力をいただいた劇団ＳＣＯＴ、初稿を連載し、刊行を承諾してくれた『テアトロ』誌に深謝する。

二〇二一年、連日コロナ感染者の数が過去最高を記録する盛夏に

菅　孝行

鈴木忠志／SCOT関連年表

年	鈴木忠志の軌跡	時代背景・関連事項
1921		1月　「船頭小唄」（野口雨情作詞・中山晋平作曲）
1930		10月　佐藤小夜子「影を慕いて」レコーディング（大ヒットは32年3月、藤山一郎がカバー）
1931		9月　関東軍による柳条湖爆破事件、一五年戦争始まる
1937		7月　日中戦争始まる 10月　「海ゆかば」（信時潔作曲・歌詞は万葉集）
◉鈴木忠志の〈起源〉		
1939	6月　静岡県清水市（現・静岡市清水区）に生まれる	
1941		12月　太平洋戦争始まる
1945		8月　6日広島に、9日長崎に原爆投下、ポツダム宣言受諾。占領
1947		2月　2・1ゼネスト禁止。民主化から反共へ占領政策転換が明確となる
1950		6月　朝鮮戦争始まる
1952		4月　サンフランシスコ講和条約発効
1953		1月　ベケット『ゴドーを待ちながら』バビロン座で初演 3月　スターリン死去
1954	6月　中学三年で東京都内に下宿する	3月　第五福竜丸、ビキニ環礁で被曝 4月　俳優座劇場開場
1955		7月　六全協

1956		10月 社会党統一。11月の保守合同で55年体制成立 6月 福田恆存『人間・この劇的なるもの』 8月 ベルトルト・ブレヒト死去
1957		2月 石橋湛山の病気退陣により第一次岸内閣成立
1958	4月 早稲田大学政経学部入学、早大劇団自由舞台に参加	10月 島倉千代子「からたち日記」
1959	6月 チェーホフ作『記念祭』を演出	1月 キューバに革命政権誕生
1960	5月 別役実作『貸間あり』を演出 夏 劇団の責任者となり、態勢を一新 12月 アーサー・ミラー作『セールスマンの死』を演出	• 日米安全保障条約改定反対闘争昂揚。6月18日、自然承認 7月 三井三池争議、最高潮に達する（中労委裁定で労組敗北） 7月 池田内閣成立、高度経済成長政策を採用
1961	6月 チェーホフ作『三人姉妹』を演出 11月 別役実作『AとBと一人の女』を演出、早稲田祭で上演 12月 J-P・サルトル作『蠅』を演出。別役実、小野碩らと「新劇団自由舞台」（早稲田小劇場の前身）を結成	5月 政治的暴力防止法案上程。6月、参院で廃案 6月 農業基本法制定、その後、農産物自給率低下に向かう 9月 土方巽、はじめて暗黒舞踏派を名乗る

◉演出家鈴木忠志の〈誕生〉

1962	4月 新劇団自由舞台創立公演、別役実作『象』を演出、俳優座劇場で上演 6月 『AとBと一人の女』を砂防会館ホールで再演 11月 早稲田祭招待公演で『象』を上演	6月 アルジェリア戦争停戦。7月、アルジェリア独立 10月 キューバ危機
1963	1月 『蠅』を厚生年金会館で上演 10月 『象』を京都・弥栄会館で上演	6月 ビートルズ来日 7月 笹原茂朱、唐十郎らとシチュアシオンの会設立 8月 アメリカ、ワシントン大行進
1964	2月 T・ウィリアムズ作『欲望という名の電車』を演出（大隈講堂） 3月 早稲田大学政経学部卒業	1月 唐十郎、『23時54分、「塔の下」行きは竹早町の駄菓子屋の前で待っている』日立レディースクラブホールで上演 10月 東京オリンピック

1965		2月 アメリカ、北爆開始 6月 日韓基本条約締結 11月 三島由紀夫『サド侯爵夫人』
1966	3月 劇団「早稲田小劇場」を別役実、小野碩、斉藤郁子、高橋辰夫、蔦森皓祐らと結成 5月 創立公演に別役実作『門』を演出・上演（アートシアター新宿文化） 10月 東京都新宿区戸塚1-13に早稲田小劇場（常打ち小屋）落成 11月 落成記念公演。別役実作『マッチ売りの少女』を演出 12月 延山政之作『燭台』を演出	5月 中国、文化大革命始まる 6月 六月劇場結成 11月 自由劇場結成
1967	2月 『兎と狸』（太宰治原作）を構成・演出 4月 『舌切り雀』（太宰治原作）を構成・演出。佐藤信作『あたしのビートルズ或は葬式』を演出 6月 別役実作『マクシミリアン博士の微笑』を演出	1月 劇団天井桟敷結成 6月 第三次中東戦争始まる 10月8日 佐藤訪ヴェト阻止闘争で山崎博昭死去。ゲバラ逮捕（翌日銃殺される）
1968	4月 『主役主役道者——歌舞伎十八番「鳴神」より』を構成・演出 11月 『どん底における民俗学的分析』（別役実・関口瑛構成）を演出	•この年、米、仏、独、チェコ、中国などで社会叛乱昂揚 4月 演劇センター68結成 5月27日 日大全共闘結成 7月 現代人劇場結成 10月 川端康成、ノーベル賞受賞 10月21日 新宿騒乱 10-11月 永山則夫、連続射殺事件
1969	4月 『劇的なるものをめぐってI——ミーコの演劇教室』を構成・演出 8月 別役実、早稲田小劇場退団 10月 唐十郎作『少女仮面』を演出。『劇的なるものをめぐってI』改訂版を構成・演出	1月 状況劇場、新宿西口事件 1月18-19日 全共闘学生による東大安田講堂の封鎖を警察が解除。全共闘運動、全国に波及し、9月、全国全共闘結成 4月 北島三郎「仁義」
1970	5月 『劇的なるものをめぐってII——白石加代子抄』を構成・演出 8月 演劇組織〈兆〉の『夏芝居ホワイト・コメディ』を構成・演出（アートシアター新宿文化）	3月 赤軍派、日航機ハイジャック事件 6月 日米安全保障条約延長 7月 華青闘告発、新左翼に衝撃が走る

	11月 『劇的なるものをめぐってⅢ——顔見世最終版』を構成・演出	8月 中核派による海老原事件。以後、両派の殺戮合戦が続く 10月 黒テント、移動公演開始 11月 三島由紀夫、市ヶ谷自衛隊東部方面総監室で自刃
1971	5月 『劇的なるものをめぐってⅠ・Ⅱ』を大阪毎日ホール、京都・宮川町歌舞練場で、『劇的なるものをめぐってⅡ』『マッチ売りの少女』を大阪毎日ホールで上演 11月 『其の一・染替再顔見世』を構成・演出	9月 三里塚、東峰十字路事件 12月 スミソニアン合意
1972	4月 テアトル・デ・ナシオン（諸国民演劇祭＝フランス政府主催、ジャン＝ルイ・バロー芸術監督）に招かれ参加。観世寿夫『道成寺』、観世栄夫『景清』、野村万作『瓜盗人』『釣狐』の一部とともに、鈴木忠志演出の『劇的なるものをめぐってⅡ』（白石加代子、斉藤郁子、観世栄夫出演）の一部を上演。以後世界各地の演劇祭等に招聘され、33ヶ国88都市で公演を行う 9月 『其の二〈哀劇〉ドン・ハムレット』を構成・演出	2月 変動相場制に移行 連合赤軍、あさま山荘事件。その後、同志殺し発覚 5月15日 沖縄「返還」 5月30日 日本赤軍、テルアビブのリッダ空港銃撃事件 9月 ミュンヘン五輪でパレスチナ・ゲリラのテロ事件。人質全員死亡 日中国交正常化
1973	2月 『其の三　劇的なるものをめぐってⅡ改訂版　白石加代子抄』を構成・演出 3月 『内角の和』而立書房から刊行（現在の『内角の和Ⅰ』） 4月 ナンシー世界演劇祭（フランス、ジャック・ラング芸術監督）などで『劇的なるものをめぐってⅡ』を上演 8月 グロトフスキー、早稲田小劇場を訪問。鈴木忠志と対談、共同通信で配信される	3月 つかこうへい『初級革命講座飛龍伝』初演 4月 欧陽菲菲「恋の十字路」 5月 西武劇場開場（85年にPARCO劇場と改称） 8月 金大中、誘拐事件 9月11日 チリ、ピノチェトによるアジェンデ殺害 10月 第四次中東戦争。第一次オイルショック始まる 11月 つかこうへい『熱海殺人事件』初演 12月 ソルジェニーツィン『収容所群島』パリで連載開始
1974	12月 岩波ホール芸術監督に就任。岩波ホール演劇シリーズ第1回公演エウリピデス原作、松平千秋訳、大岡信潤色『トロイアの女』（観世寿夫、市原悦子、白石加代子、蔦森皓祐ら出演）を演出	2月 小野田少尉発見 3月 上尾暴動 8月 ウォーターゲート事件でニクソン退陣 東アジア反日武装戦線、虹作戦未遂、使用できなかった爆弾を三菱重工爆破に使用 12月 田中角栄退陣

1975	10月 『アトリエNo.3夜と時計』を構成・演出（早稲田小劇場）	3月 中核派議長本多延嘉殺害。中核派・革マル派のゲバルト激化 4月 小川順子「夜の訪問者」 サイゴン陥落 沖縄海洋博 7月 ひめゆりの塔事件 8月 クアラルンプール事件

◉利賀に根拠地を構える

1976	3月 富山県利賀村（現・南砺市）に劇団の拠点を移す。 8月 〈合掌造りの劇場〉（利賀山房）を開場。開場記念公演として「宴の夜・一」を構成・演出。五年間の会員制を実施	この年、カントール『死の教室』ヨーロッパを巡演 1月 周恩来死去 4月 夢の遊眠社、旗揚げ公演 9月 毛沢東死去 12月 第七病棟、旗揚げ公演 木冬社、旗揚げ公演 中上健次『枯木灘』連載始まる
1977	2月 中村雄二郎との対談『劇的言語』（白水社）刊行 3月 高橋康也作『鏡と甘藍』を演出（銅鑼魔館（旧早稲田小劇場）） 4月 『劇的なるものをめぐって――鈴木忠志とその世界』（工作舎）刊行 8月 『宴の夜・二（サロメ）』を構成・演出（利賀山房）	1月 石川さゆり「津軽海峡冬景色」 太田省吾『小町風伝』 4月 千昌夫「北国の春」 9月 ダッカ事件 H・ミュラー『ハムレット・マシーン』初演
1978	1月 『バッコスの信女』（エウリピデス原作）を岩波ホールで演出 8月 『宴の夜・三』を構成・演出（利賀山房） 11月 『死の影』をルーブル美術館で上演	1月 イラン革命、第二次オイルショック 5月 成田空港開港 7月 古賀政男死去 11月 日米防衛協力指針策定 12月 観世寿夫死去
1979	8月 『宴の夜・四』を構成・演出（利賀山房） 11月 『家庭の医学』（ローラン・トポール原作『ジョコ、記念日を祝う』）を構成・演出（ディスコ・フルハウス）	12月 ソ連、アフガン侵攻

1980	1月　アメリカの大学で教える。ウィスコンシン大学（ミルウォーキー、80年〜）、ジュリアード音楽院（ニューヨーク、81年〜）、カリフォルニア大学サンディエゴ校（82年〜） 5月　『騙りの地平』（白水社）刊行	4月　J－P・サルトル死去 5月　韓国、光州蜂起 9月　イラン・イラク戦争 11月　金属バット殺人事件（神奈川県）
1981	7月　ミュージカル『スウィーニィ・トッド』（S・ソンドハイム作詞作曲）を帝国劇場で演出	
1982	4月　利賀村に財団法人国際舞台芸術研究所を設立、理事長に就任。『Foot Work —— 足の生態学』（PARCO出版）刊行 7月　野外劇場（磯崎新設計）開場 7－8月　日本で初めての世界演劇祭〈利賀フェスティバル〉開催。6ヶ国15作品を上演。ロバート・ウィルソン演出『聾者の視線』、タデウシュ・カントール演出『死の教室』、寺山修司演出『奴婢訓』、太田省吾演出『小町風伝』などが参加。以後、99年まで毎夏開催 12月　『昼餐会』を構成・演出（早稲田小劇場池袋アトリエ）	1月　野田秀樹『野獣降臨』で岸田戯曲賞受賞 11月　中曾根内閣成立 つかこうへい事務所解散
1983	7－8月　「利賀国際演劇夏季大学」を開設。現在までに、世界41ヶ国から俳優、演出家等の演劇人が学びに来る 8月　『王妃クリテムネストラ』（アイスキュロス、エウリピデス原作）を構成・演出（利賀山房） 12月　『悲劇 —— アトレウス家の崩壊』（アイスキュロス、エウリピデス原作）を構成・演出（帝国劇場）	5月　寺山修司死去 9月　浅田彰『構造と力』 11月　劇団四季、『キャッツ』のテント興行
1984	6月　ロスアンゼルス・オリンピック芸術祭で、アリアーヌ・ムヌーシュキン（仏、テアトル・ド・ソレイユ）演出の『リチャード二世』、テリー・ハンズ（英、ロイヤル・シェイクスピア・カンパニー）演出の『シラノ・ド・ベルジュラック』とともに、鈴木忠志演出『トロイアの女』がオープニング公演として上演される 8月　『越境する力』（PARCO出版）刊行 9月　早稲田小劇場をSCOT（Suzuki Company of Toga）に改称	4月　新国立劇場建設過程で浅利慶太排斥運動始まる

	12月『リア王』（シェークスピア原作）、『三人姉妹』（チェーホフ原作）を構成・演出（利賀山房）	
1985	6月 鈴木忠志の演劇論を英訳した『The Way of Acting』がTCG（全米演劇人協会）から出版される	3月 ゴルバチョフ、ソ連共産党第一書記就任 9月 プラザ合意、円高不況
1986	8月『桜の園』（チェーホフ原作）を構成・演出（利賀山房）	9月 ピナ・バウシュ初来日 ・年末からバブル景気始まる
1987	7月 カリフォルニア大学との共同出資で利賀スタジオ（磯崎新設計）落成	・この年から、バブル景気本格化 4月 国鉄分割民営化 12月 韓国大統領選、軍事政権終わる

◉芸術総監督の時代

1988	2月 アメリカ4劇団合同制作の『リアの物語』を演出。全米各地147回上演 7月『演劇とは何か』（岩波新書）刊行 8月『ワーニャ伯父さん』（チェーホフ原作）を構成・演出（利賀山房） 12月 水戸芸術館芸術総監督に就任（94年まで）。専属劇団ACM（Acting Company Mito）を創設。SCOTの俳優の他にトム・ヒューイット、吉行和子、夏木マリらが参加	4月 状況劇場解散、唐座結成 6月 リクルート事件発覚 9月 天皇下血。天皇の重症による自粛の重圧、死まで続く
1989	8月『遊人頌〈1〉（ハムレット）』（シェークスピア原作）を構成・演出（利賀村健康増進センター） ・白石加代子退団	1月 天皇死去、平成に改元 2月 ソ連、アフガン撤退 6月 天安門事件 美空ひばり死去 10月 ベルリンの壁崩壊。ソ連・東欧の秩序、瓦解始まる 11月 総評解体、連合結成 12月 サミュエル・ベケット死去
1990	3月 水戸芸術館ACM劇場（磯崎新設計）開館記念公演として『ディオニュソス——おさらば教の誕生——喪失の様式をめぐって1』（エウリピデス原作）を演出	6月 日米構造協議最終報告 8月 イラク、クウェート侵攻 10月 東京芸術劇場開場 東西ドイツ統一

		12月 タデウシュ・カントール死去
1991	1月 『マクベス——おさらば教の隆盛——喪失の様式をめぐって2』（シェークスピア原作）を構成・演出（水戸芸術館ACM劇場） 7月 『世界の果てからこんにちは』を構成・演出（利賀野外劇場）	1月 湾岸戦争 バブル景気、終息に向かい始める ウィリアム・フォーサイス、初来日 6月 クロアチア紛争始まる 12月 ソ連崩壊
1992	1月 『イワーノフ——おさらば教の道草——喪失の様式をめぐって3』（チェーホフ原作）を構成・演出（水戸芸術館ACM劇場）。日米2ヶ国語版『ディオニュソス』を上演（水戸芸術館ACM劇場） 2月 オーストラリアとアメリカの俳優による『マクベス』をプレイボックス・シアター（メルボルン）で構成・演出 9月 アメリカの演出家アン・ボガートとともに「SITI」（Saratoga International Theatre Institute）をサラトガ市に設立	3月 ボスニア・ヘルツェゴビナ紛争始まる 9月 PKO法にもとづき自衛隊カンボジア派遣
1993	7月 『ジュリエット——ロミオを待ちつつ』（シェークスピア原作）を構成・演出（利賀野外劇場）	7月 S・ソンタグ、サラエボで『ゴドーを待ちながら』を上演 8月 細川内閣成立 EU発足 9月 PLOとイスラエルの間でオスロ合意
1994	6月 シアター・オリンピックスを世界の演出家・劇作家10名と創設。 7月 『帰ってきた日本』を構成・演出（新利賀山房）。『演出家の発想』（太田出版）刊行。日中韓3ヶ国共同の演劇祭「BeSeTo演劇祭」を韓国国際演劇協会会長・金義卿、中国国立中央戯劇学院院長・徐曉鐘とともに設立 10月 〈新利賀山房〉（磯崎新設計）開場 11月 第1回BeSeTo演劇祭をソウルで開催、『リア王』を上演	1月 ジャン＝ルイ・バロー死去 6月 村山内閣成立 7月 金日成死去、金正日が権力を継承 10月 大江健三郎、ノーベル文学賞受賞 12月 ロシア、チェチェン侵攻 千田是也死去
1995	7月 静岡県舞台芸術センター（SPAC：Shizuoka Performing Arts Center）の芸術総監督に就任 8月 『エレクトラ』（ホフマンスタール原作）を利賀野外劇場で上演（宮城聰と共同演出）。	1月 阪神淡路大震災 3月 地下鉄サリン事件 9月 沖縄米兵による少女暴行事件

	第1回シアター・オリンピックスがギリシャで開催され、『エレクトラ』（デルフィ）と『ディオニュソス』（アテネ）を上演	12月 ハイナー・ミュラー死去
1996	4月 唐十郎作『紘と幻――ジョン・シルバー』を演出（利賀山房） 8月 『カチカチ山』（太宰治原作）構成・演出（新利賀山房） 10月 演劇人の全国組織「演劇人会議」を設立（当初は任意団体） フランス政府より、フランス芸術文化勲章を受章	4月 普天間基地返還「合意」
1997	8月 静岡県舞台芸術公園開場。開場記念公演として『リア王』（屋内ホール「楕円堂」）、『ディオニュソス』（野外劇場「有度」）を上演（楕円堂、有座とも磯崎新設計）	4月 杉村春子死去 世田谷パブリックシアター開場 5月 酒鬼薔薇聖斗事件 7月 アジア通貨危機。これに対応するため9月、ASEAN＋3のかたちで日中韓三国首脳会談始まる 9月 新日米防衛協力指針策定 10月 新国立劇場開場
1998	4月 オペラ『リアの物語』（細川俊夫作曲）を演出、国際音楽祭ミュンヘン・ビエンナーレで上演 8月 『鏡の家』を構成・演出（利賀山房） 10月 『悲しい酒』を構成・演出（楕円堂）	2月 コソボ紛争始まる 9月 消費増税で橋本内閣倒れ、小渕内閣成立
1999	1月 静岡芸術劇場（磯崎新設計）開場。開場記念公演として『カチカチ山』『ディオニュソス』を構成・演出 2月 『劇的言語［増補版］』（朝日新聞社）刊行 4－6月 第2回シアター・オリンピックスを静岡で開催、芸術監督を務める。『シラノ・ド・ベルジュラック』（エドモン・ロスタン原作）とオペラ『リアの物語』を構成・演出 7月 『さよなら利賀フェスティバル』を構成・演出（新利賀山房）	1月 イェジー・グロトフスキー死去 5月 新日米防衛協力指針関連法制定 8月 通信傍受法、住民基本台帳法、国旗国歌法など成立
2000	3月 演劇人会議を財団法人化して「財団法人舞台芸術財団演劇人会議」とし、理事長に就任 6月 『オイディプス王』（ソフォクレス原作）を構成・演出（有度）。能『善知鳥』（シテ 観世栄夫）を演出（静岡芸術劇場）	5月 プーチン、ロシア共和国大統領となる

	11月『シンデレラ――ドラキュラの花嫁』を構成・演出（静岡芸術劇場）	11月 加藤の乱、第2次森内閣成立、宏池会の時代終わる
2001	6月 オペラ『リアの物語』をボリショイ・オペラ（モスクワ）等の歌手で上演	4月 小泉内閣成立 勅使河原宏死去 9月 9・11事件。米軍、アフガンに侵攻、泥沼化
2002	4月 ドイツの俳優による『オイディプス王』をデュッセルドルフ市立劇場で演出。エピダウロス古代劇場（ギリシャ）でも上演 12月『ザ・チェーホフ（イワーノフ、ラネーフスカヤ、ワーニャ伯父さん）』を演出（静岡芸術劇場）	92年以来の経済停滞が「失われた10年」と呼ばれる。格差拡大進む 6月 高橋康也死去 7月 普天間基地移設先、辺野古沖案に決定 9月 金正日、拉致の事実を認め、日朝共同宣言 10月 チェチェン・ゲリラ、劇場占拠事件
2003	6月『内角の和Ⅱ』（而立書房）刊行 ・国際スタニスラフスキー財団より、スタニスラフスキー賞を受賞	3月「有志連合」によるイラク侵攻 12月 自衛隊、イラクに派兵（09年まで継続）
2004	3月『別冊 谷崎潤一郎』を構成・演出（楕円堂） 5月『幽霊――別冊イプセン』を構成・演出（楕円堂） 6月 日露の文化交流を促進する「日露文化フォーラム」を創設。日露双方から政治家、文化人等が参加 10月 ロシアの俳優による『リア王』をモスクワ芸術座の定期公演演目として構成・演出	2月 網野善彦死去
2005	3月『病院長屋の日本人たち』を構成・演出（静岡県舞台芸術公園「BOXシアター」） 12月『廃車長屋の異人さん――ゴーリキー作「どん底」より』を構成・演出（静岡芸術劇場）	9月 郵政選挙で小泉圧勝
2006	6月『羯諦羯諦――行く者よ、去り行く者よ』（高田みどりのパーカッション、真言聲明の会）を構成・演出（静岡芸術劇場） 11月 新国立劇場で4作品（『シラノ・ド・ベルジュラック』『オイディプス王』『イワーノフ』、ロシア版『リア王』）を連続上演	9月 第一次安倍内閣、教育基本法改定 10月 ポリトコフスカヤ暗殺

◉ ふたたび〈拠点〉へ

2007	3月 静岡県舞台芸術センターの芸術総監督を退任 5月 『別冊 別役実「AとBと一人の女」より』を構成・演出（BOXシアター） 6月 『サド侯爵夫人（第二幕）』（三島由紀夫作）を演出（楕円堂） 9月 利賀創造交流館に芸術劇場（ブラックボックス・シアター）を開場 10月 ロシアの俳優による『エレクトラ』をタガンカ劇場（モスクワ）の定期公演演目として構成・演出	1月 ウィキリークスの存在が明らかとなる 7月 太田省吾死去 ・サブプライムローンによる金融破綻の危険性が指摘される
2008	10月 韓国とロシアの俳優による『エレクトラ』（韓国アンサン・アーツ・センターとアルコ芸術劇場の共同制作）を構成・演出	3月 チベット騒乱事件 6月 秋葉原事件 秋 リーマンショック。格差拡大激化 ・年末年始の派遣村が注目される
2009	8月 利賀 岩舞台を開場。『廃車長屋のカチカチ山』を構成・演出（利賀野外劇場） 12月 ヴェルディ作曲、オペラ『椿姫』（飯森範親指揮、藤原歌劇団合唱部、東京フィルハーモニー交響楽団）を演出（静岡グランシップ中ホール）	7月 ウイグル人騒乱事件 緑川亨死去 9月 民主党政権成立
2010	・中国の大学で教える。上海戯劇学院（10年〜）、中国国立中央戯劇学院（12年〜）。両大学の名誉教授となる 8月 『新・帰ってきた日本』（長谷川伸原作）を構成・演出（新利賀山房） 9月 第5回シアター・オリンピックスが韓国・ソウルで開催され『ディオニュソス』を韓国国立明洞芸術劇場で上演	4月 井上ひさし死去 7月 つかこうへい死去 11月 基地の県外移転を掲げて仲井眞弘多、沖縄県知事に当選 12月 アラブの春始まる
2011	2月 台湾の俳優による『茶花女』（アレクサンドル・デュマ・フィス原作『椿姫』）を、台北国立中正文化中心・国家戯劇院で構成・演出 8月 『新々・帰ってきた日本――「瞼の母」より』（長谷川伸原作）を構成・演出（利賀岩舞台）	・経済の低迷、「失われた20年」と言われる。格差拡大、さらに深刻化 3月11日 東日本大震災。原発損壊、放射能被害拡大 9月 オキュパイ・ウォールストリート 12月 金正日死去、金正恩、権力を継承
2012	5月 『シンデレラ』（ロッシーニ作曲、オペラ『シンデレラ』より）を構成・演出（静岡芸術劇場）	11月 習近平、中国共産党総書記就任 12月 民主党内閣崩壊、第二次安倍内閣成立

	8月 エジンバラ国際フェスティバル（イギリス）で『エレクトラ』を上演 10月 創立メンバー斉藤郁子（SCOT事務局長）死去	
2013	8月 『新釈・瞼の母』（長谷川伸、ベケットほか原作）を構成・演出（新利賀山房）。利賀中村体育館を増改築して利賀大山房を開場。開場公演は『羯諦羯諦』『ディオニュソス』	3月 山口昌男死去 6月 スノーデン、アメリカNSAの国際監視網暴露 11月 堤清二死去 12月 特定秘密保護法成立 沖縄県・仲井眞知事、公約を破棄して辺野古移設承認
2014	8月 鹿沢信夫作『からたち日記由来』を構成・演出（利賀山房）、新版『トロイアの女』（エウリピデス原作）を構成・演出 11月 第6回シアター・オリンピックスが中国・北京で開催され、『リア王』と『シラノ・ド・ベルジュラック』を長安大劇院で上演	3月 台湾、ひまわり運動 6月 イスラム国、建国宣言 9月 香港で雨傘運動が昂揚 10月 ユーリ・リュビーモフ死去 11月 翁長雄志が沖縄県知事当選。辺野古基地反対の立場を鮮明にする
2015	6月 鈴木忠志の演劇論を英訳した『Culture is the Body』がTCGより出版される。その後、中国、イタリア、リトアニア、ギリシャ、インドネシア等で翻訳出版 11月 北京郊外の万里の長城の麓にある古北水鎮長城劇場の開場記念公演として『ディオニュソス』を上演。16年より中国の演劇人のための古北水鎮芸術塾を毎春開催	• シリア内戦などの難民、ヨーロッパに大量に流入 • SEALDs台頭し、反安保法制・反政府デモを牽引、賛否両論沸騰 9月 「安全保障法制」反対運動が昂揚したが国会通過
2016	8月 鹿沢信夫作『幻影日誌』を構成・演出（利賀山房）、『ニッポンジン――「瞼の母」より』（長谷川伸、ベケットほか原作）を構成・演出（新利賀山房）	5月 蜷川幸雄死去 6月 英国国民投票でEU離脱決議 7月 やまゆり園事件 8月 天皇、生前退位を求める 11月 米、トランプ大統領当選。排外主義を煽動
2017	8月 鹿沢信夫作『北国の春』を構成・演出（利賀山房）	4月 大岡信死去 7月 共謀罪成立

		劉暁波、獄中死 8月　座間SNS殺人事件
2018	8月　『津軽海峡冬景色』を構成・演出（新利賀山房） 9月　インドネシア、中国、日本の俳優による『ディオニュソス』（日本・インドネシア共同制作）をプランバナン寺院群前の野外劇場（インドネシア）で上演	・GAFA（M）の肥大化進む。情報・軍事などで米中摩擦激化 5月　イラン核合意からアメリカ離脱 7月　浅利慶太死去 11月　フランス、ジレ・ジョーヌ（黄色いベスト）運動
2019	7月　創立メンバー蔦森皓祐、死去 8-9月　第9回シアター・オリンピックスを日露共同で開催。日本開催（利賀、黒部）の芸術監督を務める。日本開催では、『リア王』『羯諦羯諦』『世界の果てからこんにちは』『サド侯爵夫人』『ディオニュソス』を上演 11月　シアター・オリンピックスのロシア開催ではサンクトペテルブルクで『シラノ・ド・ベルジュラック』『羯諦羯諦』を上演 ・国際演劇協会（ユネスコの舞台芸術部門、本部・パリ）よりリュビーモフ賞を受賞 ・国際演劇評論家協会（ユネスコの下部組織、本部・パリ）よりタリア賞を受賞	5月　令和に改元 6月　米朝会談、物別れ。米中関係緊張高まる 香港で、逃亡犯条例反対の運動昂揚、行政長官が撤回を表明
2020	3月　創立メンバー別役実、死去 8月　『世界の果てからこんにちはⅡ』を構成・演出 ・ブレラ・アカデミー（イタリアのブレラ国立美術学院）よりブレラ賞を受賞	1月　新型コロナウイルス性肺炎、武漢から世界へ感染拡大 3月　東京オリンピック、1年延期決定 5月　ジョージ・フロイド殺害を機にBLM運動が米全土に拡大 6月30日　香港国家安全法制定 8月　ロシアの反体制活動家ナワリヌイ暗殺未遂事件 11月　トランプ、大統領選敗北、バイデン当選
2021		・コロナ禍、変異ウイルスにより蔓延やまず 4月　ミャンマー、軍事クーデター 7月　東京オリンピック、反対を押し切って開催強行

本書は、『テアトロ』に掲載された連載「鈴木忠志論――演劇で世界を変える」（２０２０年７月号‐２０２１年２月号）に大幅に加筆・改稿を加えたものである。

写真提供：ＳＣＯＴ

菅　孝行
（かん・たかゆき）

評論家、劇作家。1939年生まれ。

舞台芸術財団演劇人会議評議員、ルネサンス研究所運営委員、河合文化教育研究所研究員。

著書に『戦う演劇人』（而立書房、2007年）、『天皇制と闘うとはどういうことか』（航思社、2019年）、『天皇制論集　天皇制問題と日本精神史』（御茶の水書房、2014年）、『三島由紀夫と天皇』（平凡社新書、2018年）、編著に『佐野碩　人と思想』（藤原書店、2015年）など。

演劇《えんげき》で〈世界《せかい》〉を変《か》える　鈴木忠志論

著　者　菅 孝行
発行者　大村　智
発行所　株式会社 航思社
〒301-0043 茨城県龍ケ崎市松葉6-14-7
tel. 0297(63)2592 ／ fax. 0297(63)2593
http://www.koshisha.co.jp
振替口座　00100-9-504724
装　丁　前田晃伸
印刷・製本　倉敷印刷株式会社

2021年9月15日 初版第1刷発行

本書の全部または一部を無断で複写複製することは著作権法上での例外を除き、禁じられています。

落丁・乱丁の本は小社宛にお送りください。送料小社負担でお取り替えいたします。

（定価はカバーに表示してあります）

ISBN978-4-906738-45-8　C0074
©2021 KAN Takayuki
Printed in Japan　JASRAC 出 2106803-101

天皇制と闘うとはどういうことか

菅 孝行　四六判 上製 346頁　本体3200円

真の民主主義のために　沖縄、改憲、安保法制……70年代半ばから天皇制論を発表してきた著者が、代替わりを前に、敗戦後の占領政策問題、安倍政権批判に至るまでの反天皇制論を総括、民衆主権の民主主義に向けた新たな戦線のための拠点を構築する。

近代のはずみ、ひずみ　深田康算と中井正一

長濱一眞　A5判 上製 416頁　本体4600円

今もなお我々は「近代」のさなかにある　平民として自発的に統治に服す大正の教養主義が「民主」の言説ならば、昭和前期に「独裁」が勝利した滝川事件を機にいずれとも相容れない知識人が現出した──。2人の美学者を解読しつつ天皇制、資本主義－国家、市民社会等を批判的に剔抉する。

天皇制の隠語《ジャーゴン》

絓 秀実　四六判 上製 474頁　本体3500円

反資本主義へ！　市民社会論、新しい社会運動、文学、映画……様々な「運動」は、なぜ資本主義に屈してしまうのか。日本資本主義論叢からひもとき、小林秀雄から柄谷行人までの文芸批評に伏在する「天皇制」をめぐる問題を剔出する表題作のほか、23編の論考を収録。

敗北と憶想　戦後日本と〈瑕疵存在の史的唯物論〉

長原 豊　四六判 上製 424頁　本体4200円

日本のモダニティを剔抉する　吉本隆明、小林秀雄、花田清輝、埴谷雄高、丸山眞男、萩原朔太郎、谷川雁、黒田喜夫……過去の受け取り直しを反復し、差異を感受－甘受すること。近代日本における主体と歴史、資本主義の様態を踏査し、〈瑕疵存在の史的唯物論〉を未来に向けて構築するために。

夢と爆弾　サバルタンの表現と闘争

友常 勉　四六判 上製 400頁　本体3800円

反日・反国家・反資本主義　東アジア反日武装戦線、寄せ場労働者、被差別部落、アイヌ民族、在日……当事者による様々な表現・言説の分析と革命の（不）可能性をめぐる考察。

NAM総括　運動の未来のために

吉永剛志 著　四六判 並製 400頁　本体3600円

「資本と国家への対抗運動」は何に行き詰まったのか　20世紀最後の、そして21世紀最初の日本の社会運動体、NAM（New Associationist Movement）。思想家・柄谷行人が提唱し、著名な知識人や若者が多数参加した「対抗運動」はなぜ、わずか2年半の短期間で解散したのか。解散から20年、運動の「現場」の視角から総括し問題提起する。

平等の方法

ジャック・ランシエール 著　市田良彦ほか 訳

四六判 並製 392頁　本体3400円

ランシエール思想、待望の入門書　世界で最も注目される思想家が自らの思想を、全著作にふれながら平易な言葉で語るインタビュー集。感覚的なものの分割、ディセンサス、無知な教師、不和、分け前なき者の分け前など、主要概念を解説。

68年5月とその後　反乱の記憶・表象・現在

クリスティン・ロス 著　箱田 徹 訳

四六判 上製 478頁　本体4300円

ラディカルで行こう！　ア50年代末のアルジェリア独立戦争から、21世紀のオルタ・グローバリゼーション運動に至る半世紀、この反乱はいかに用意され、語られてきたか。現代思想と社会運動の膨大な資料を狩猟して描く「革命」のその後。

戦略とスタイル　増補改訂新版

津村 喬　四六判 上製 360頁　本体3400円

日常＝政治＝闘争へ！　反資本主義、反差別、核／原子力、都市的権力／民衆闘争……〈いま〉を規定する「68年」の思想的到達点。「日本の68年最大のイデオローグ」の代表作。

横議横行論

津村 喬　四六判 上製 344頁　本体3400円

「瞬間の前衛」たちによる横断結合を！　全共闘、明治維新、おかげまいり、文化大革命など古今東西の事象と資料を渉猟、「名もなき人々による革命」の論理を極限まで追究する。